森林认证认可与可持续经营

张颖　高申奇　周正火◎编著

知识产权出版社
全国百佳图书出版单位

图书在版编目（CIP）数据

森林认证认可与可持续经营/张颖，高申奇，周正火编著．—北京：知识产权出版社，2017.10

ISBN 978-7-5130-5173-6

Ⅰ.①森…　Ⅱ.①张…②高…③周…　Ⅲ.①森林经营—可持续性发展—研究—中国　Ⅳ.①F326.2②S750

中国版本图书馆 CIP 数据核字（2017）第 238495 号

内容提要

森林认证认可是针对与森林有关的产品，通过国家认可的机构对公司单位的经营活动进行客观评估，确定其是否达到可持续经营管理的要求。森林认证认可自 20 世纪 90 年代初兴起以来，得到快速的发展。

本书介绍了森林认证认可的基础知识，通过对福州、成都、信阳和呼伦贝尔森林认证认可的实地调查，介绍和分析了我国森林认证认可的进程、现状和影响因素。也介绍了我国森林认证体系与生态环境服务的情况，对森林经营认证标准进行了解读。并对非木质林产品认证标准与认证审核、产销监管链认证标准与认证审核等内容进行了介绍。最后介绍了森林认证认可现场审核操作与实践的内容。

责任编辑：李　瑾　　　　**责任出版**：孙婷婷

森林认证认可与可持续经营

张　颖　高申奇　周正火　编著

出版发行：知识产权出版社有限责任公司　　**网　　址**：http://www.ipph.cn
社　　址：北京市海淀区气象路 50 号院　　**邮　　编**：100081
责编电话：010-82000860 转 8392　　**责编邮箱**：lijin.cn@163.com
发行电话：010-82000860 转 8101/8102　　**发行传真**：010-82000893/82005070/82000270
印　　刷：北京中献拓方科技发展有限公司　　**经　　销**：各大网上书店、新华书店及相关专业书店
开　　本：787mm×1092mm　1/16　　**印　　张**：15
版　　次：2017 年 10 月第 1 版　　**印　　次**：2017 年 10 月第 1 次印刷
字　　数：300 千字　　**定　　价**：48.00 元

ISBN 978-7-5130-5173-6

致 谢

本研究受国家林业局林业软科学研究课题（2015－R19）资助，在此表示衷心的谢意。另外，在研究过程中，也得到中林天合（北京）森林认证中心全体员工的大力支持，在此也表示衷心的感谢和崇高的敬意！

前 言

2014年5月，习近平总书记在河南考察时提出三个转变——要加快构建以企业为主体、市场为导向、产学研相结合的技术创新体系，加强创新人才队伍建设，搭建创新服务平台，推动科技和经济紧密结合，努力实现优势领域、共性技术、关键技术的重大突破，进而推动中国制造向中国创造转变，中国速度向中国质量转变，中国产品向中国品牌转变。

同年9月，李克强总理在中国质量（北京）大会上强调，紧紧抓住提高质量这个关键，推动中国发展迈向中高端水平。李克强总理提出，质量是国家综合实力的集中反映，是打造中国经济升级的关键，关系国计民生。而在市场经济环境下，提升质量归根结底依靠企业。企业要坚守商业道德，担起产品和服务质量的主体责任，在创新、管理和提高劳动者素质上下功夫。同时，各行各业都要瞄准质量顽症，加快技术创新，淘汰落后产品。要完善质量管理体系，坚持严字当头，注重基础和细节，向管理要质量。要着力提高从业人员素质技能，培育职业精神，造就责任心强、有专业素养的职业队伍。另外，政府要加快转变职能，营造公平规范的市场秩序，激励企业诚信经营，完善事中事后监管。

习近平总书记的指示和李克强总理的讲话均强调了中国创造、中国质量和中国品牌的问题。这些问题也进一步促使企业必须重视和加强生产、产品和销售的认证认可和发展。

森林认证认可是针对与森林有关的产品，通过国家认可的认证机构对公司单位的方方面面进行客观评估，证明其经营活动是否达到可持续经营管理的要求。森林认证认可自20世纪90年代初兴起以来，得到快速的发展。

目前，森林管理委员会（FSC）、森林认证体系认可计划（PEFC）、泛非森林认证体系（PAFC）、可持续林业倡议（SFl）等森林认证体系陆续形成。

随着森林可持续经营的发展，世界自然基金会（WWF）等国际组织和英国、荷兰、瑞典、德国、美国、加拿大、巴西、印度尼西亚、马来西亚等国家也相继成立了森林和林产品认证机构，国际化的森林和林产品认证行动迅速兴起。自 2009 年 4 月，我国正式批准成立第一家森林认证机构以来，森林认证认可工作也在我国稳步向前推进。

作为促进森林可持续经营和林产品国际市场准入制度创新和市场行为，森林认证认可逐步被国际社会和各国政府所接受。一些国家和地区也开始了各国和地区的森林认证认可实践，森林认证认可迅速在世界范围内蓬勃发展。在此背景下，开展我国森林认证认可和可持续经营管理研究及森林认证认可体系的建立十分重要。

这本书正是在这种背景下编写的。主要目的是介绍森林认证认可的最基本知识和内容，并了解我国森林认证认可的现状。

全书包括八章内容。第一章介绍认证认可的基础知识。第二章介绍中国森林认证进程。第三章介绍森林认证现状。主要通过对福州、成都、信阳和呼伦贝尔市森林认证认可市场的实地调查，了解我国森林认证认可市场的开展情况和分析影响森林认证认可发展的影响因素。第四章、第五章分别介绍中国森林认证体系与森林生态环境服务和对森林经营认证标准的解读。第六章、第七章分别介绍了非木质林产品认证标准与认证审核、产销监管链认证标准与认证审核。第八章介绍了森林认证现场审核操作与实践的内容。全书的内容具有一定的逻辑联系，对了解森林认证认可的发展、体系和内容及认证认可的要求、标准等具有一定的帮助。

书稿的内容主要是在有关讲座的基础上编写而成的。参加森林认证认可课程培训的授课老师主要包括苏慎之、白会学、郑小贤、陆军、陆诗华、于玲等，在此对引用他们的课件和所提供的资料表示衷心的感谢。

在书稿编写过程中，部分章节参考了上述老师 2015 年在长沙举办的森林认证认可培训授课的内容，在此再次表示衷心的感谢！另外，本书编写中，得到北京林业大学郑小贤教授、朱永杰教授的大力支持和帮助，经济管理学院的潘静、倪婧婕、孟冬、曹先磊、刘璐、王璐曦、张一宁、李卓蔚、苏蔚等也参与了调研和部分内容的编写，在此一并表示衷心的感谢！

作为森林认证认可和可持续经营管理培训的参考书籍，本书试图依靠森林认证认可必需的相关知识，以系统梳理和研究的方式，探讨森林认证认可和可持续经营管理的问题。希望本书对我国森林认证认可和可持续经营管理的发展、林业经济管理、林业可持续经营管理和相关政策制定等能有一定的参考和借鉴作用。

由于时间仓促，书中错误在所难免，衷心希望广大同人批评指正！

编著者

2017 年 3 月 20 日

目 录

第一章　认证认可的基础知识

森林认证是认证认可中产品认证的一种。因此，本章介绍了有关认证认可的基础知识，包括认证认可的一般概念，认证认可与合格评定的联系与区别及与行政监管之间的关系，认证认可对于产品质量的作用，认证认可的起源与发展，认证认可的要素、类型和程序，以及认证认可的相关标准和法律法规等。

一、认证认可*的一般概念

（一）有关合格评定的概念和定义

1. 合格评定

合格评定是指与产品、过程、体系、人员或机构有关的规定要求得到满足的证实。这里所讲的“合格评定”是广义的概念，包括了通常所

合格（符合），即满足要求。“合格评定”的定义中并不突出“合格”，“合格”也不是“合格评定”定义的特征。“合格评定”这一概念关注的是“满足规定要求”，而不是广义的“合格”概念。“合格评定结果”这一通用表述可以表示任何合格评定活动的产品（如报告或证书），也包括评定后不合格发现。

国际著名的合格评定组织为国际标准化组织（ISO）下设的ISO合格评定委员会（CACSO）。该委员会的工作组负责起草关于检测、检查和认证等合格评定活动的通用的ISO和ISO/IEC指南及国际标准。

* 认证认可国外是并列的，并有相应的活动开展，国内一般只讲认证，并忽略认可工作。在一般的规范、标准中也用认证代替认可。因此，本书中的认证也包括了认可内容。下文同。

2. 规定要求

规定要求是指明示的需求或期望。如在诸如法规、标准和技术规范这样的规范性文件中对规定要求做出明确说明。

3. 合格评定活动

合格评定活动是指用来直接或间接确定是否满足技术法规或标准相应规定的程序，包括检测、检查和多种形式的认证。其中，程序是指为进行某项活动或过程所规定的途径。这些活动的结果通过例如声明、报告、证书、符合性标志或授权和许可证（见 ISO/IEC 17000：2004）等多种方式予以证明。标准所规定的要求是各方意见协调一致的产物，因而经常被用作规定要求。因此，合格评定通常被视为一项与标准相关的活动。ISO 17000 国际标准并未规定合格评定的界限。合格评定与其他领域，如管理体系、计量、标准化及统计等相互影响，以使其保持灵活性，同时也伴随着需要合格评定活动介入的新领域出现，如环境问题（涉及能效和温室气体排放）或食物链监督。

典型的合格评定活动包括检查、检测、认证、认可等一系列程序。合格评定分为认证和认可，见图 1.1。

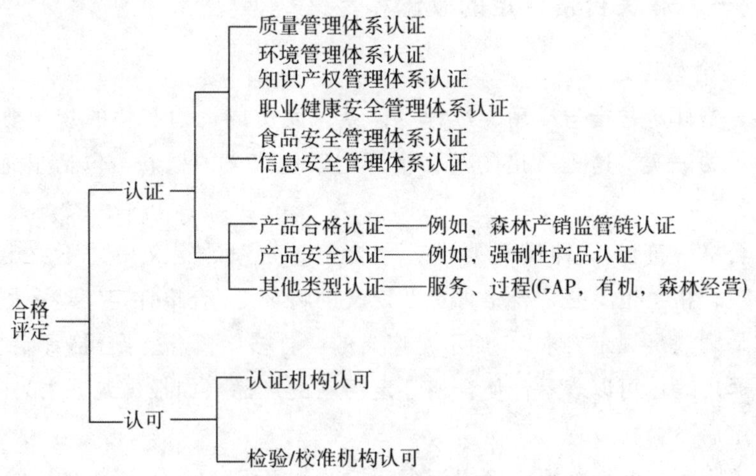

图 1.1 合格评定分类

另外，合格评定活动也可以分为第一方合格评定活动、第二方合格评定活动和第三方合格评定活动。第一方合格评定活动是由提供合格评定对象的人员或组织进行的合格评定活动。该审核，也称内部审核，由组织自己或以组织的名义进行，用于管理评审和其他内部目的，可作为组织自我合格声明的基础。第二方合格评定活动是由在合格评定对象中具有使用方利益的人员或组织进行的合格评定活动，如产品的采购方或使用方。外部审核包括通常所说的“第二方审核”。该审核由组织的相关方（如顾客）或由其他人员以相关方的名义进行。第三方合格评定活动是由既独立于提供合格评定对象的人员或组织、又独立于在对象中具有使用方利益的人员或组织的人员或机构进行的合格评定活动。第三方审核由外部独立的审核组织进行，如认证或注册的机构进行的审核。

此处要注意区分针对给定对象合格评定活动的特性的“第一方”“第二方”和“第三方”，不可与法律上用于标识合同各相关方的“第一方”“第二方”和“第三方”混淆。相关的国际标准和指南规定了机构独立性的准则。

4. 检查

检查是指审查产品设计、产品、过程或安装并确定其与特定要求的符合性，或根据专业判断确定其与通用要求的符合性的活动[①]。检查有时也称为检验。从事检查活动的机构通常称为检查机构。

5. 检测

检测是指按照程序确定合格评定对象的一个或多个特性的活动。“检测”主要适用于材料、产品或过程。从事检测活动的机构通常称为实验室

6. 认证

认证是指产品、过程、体系或人员有关的第三方证明。管理体系认证有时也被称为注册。认证适用于除合格评定机构自身外的所有合格评定对象，认可适用于合格评定机构。从事认证活动的机构通常称为认证机构或注册机构。

此处应注意与证明相区分。证明（attestation），是指根据复核后的决定，就规定要求的满足已得到证实出具说明的活动。所出具的说明在有关中称作“符合性说明”，它为规定要求已得到满足提供保证。这种保证本身并不足以提供合同方面或其他法律方面的担保。国际标准将通过颁发“符合性说明”来提供保证的行为称作“证明”而不是“符合性担

---

① 对过程的检查可以包括对人员、设施、技术和方法的检查。

保”或“合格保证”。

7. 合格评定制度

合格评定制度是指实施合格评定的规则、程序和对实施合格评定的管理①。

8. 合格评定方案

合格评定方案也称合格评定程序，指与适用相同规定要求、具体规则与程序的特定合格评定对象相关的合格评定制度②。

9. 合格评定对象

合格评定对象是指接受合格评定的特定材料、产品（包括服务）、安装、过程、体系、人员或机构③。

10. 合格评定机构

合格评定机构是从事合格评定服务的机构，是提供合格评定服务并可作为认可对象的机构。合格评定机构从事的合格评定活动包括认证、检查、检测、校准等。

能客观地做出符合性声明，对于采购方、监管部门或机构和公众很重要。因而各方都需要获知合格评定机构有能力胜任其工作。因此，对合格评定机构能力进行公正验证的需求日益增加。这种验证由权威的认可机构做出。

在此请注意，认可机构不属于合格评定机构。有关国际标准仅在提及合格评定机构或认可机构时使用“机构”（body）这一术语，在其他情况下则使用 ISO 9000 中定义的具有一般意义的术语“组织”（organization）。ISO/IEC 指南 2 对组织的定义（由成员组成的机构）不适用于合格评定领域。

（二）认可与合格评定的关系

认证与认可均属合格评定的范畴。认证的对象是供方的体系、产品、过程或服务，认可的对象是实施认证、检测和检查的机构。认证机构是具备一定能力的机构，大多数国家的认证机构之间存在竞争关系。认可

① 合格评定制度可以在国际、区域、国家或国家之下的层面上运作。
② 同上。
③ 改编自 ISO/IEC 17000：2004，2.1。

机构是权威机构或授权机构，一般为政府机构本身或政府授权的机构；认可机构具唯一性，为保证认可结果的一致性和认可制度实施的国家权威性，认可机构不宜引入竞争机制。所以几乎所有国家都通过法律或政府的行政干预确保认可制度实施的严肃性和唯一性。

（三）认可与行政监管的关系

第一，认可是对合格评定机构技术和管理能力的评价和证实；市场准入是国家对市场基本的、初始的干预，是政府管理市场、干预经济的制度安排，是国家意志干预市场的表现，是国家管理经济职能的组成部分；行政监管是指政府部门依据相关法律法规对市场主体所进行的合法性和合理性的监督管理行为。

第二，认可与市场准入是性质不同的两个概念。即使产品通过获认可的合格评定机构的认证、检测或检查，还须经政府承认这些认证、检测或检查结果，相关产品才能依法获得市场准入资格。即使有了认可的国际互认协议，还须有政府间对认可结果承认，相关被认证、检测或检查的产品才能依法获得相关国家或地区的市场准入资格。

第三，行政监管和认可是我国“法律规范、行政监管、认可约束、行业自律、社会监督”五位一体的认证认可监管体系的重要环节，在国家认监委的领导下分别并互动发挥作用（见图 1.2 和图 1.3）。

我国的认证认可监管体系包括中国国家认证认可监督管理委员会（简称国家认监委，CNCA），中国合格评定国家认可委员会（CNAS）和中国认证认可协会（CCAA）。国家认监委由国务院组建并授权，履行行政管理职能，统一管理、监督和综合协调全国的认证认可工作。中国合格评定国家认可委员会是由国家认监委批准建立并授权的国家认可机构，统一负责对认证机构、实验室和检验机构等相关机构的认可工作。中国认证认可协会（CCAA）是由我国认证认可行业的认可机构、认证机构、认证培训机构、认证咨询机构、实验室、检测机构和部分获得认证的组织等单位会员和个人会员组成的非营利性、全国性组织，依法接受业务主管单位国家质量监督检验检疫总局（简称国家质检总局）的业务指导和监督管理；由国家认监委授权，统一实施认证人员国家注册制度、认证培训机构培训课程确认制度和认证人员统一考试制度。

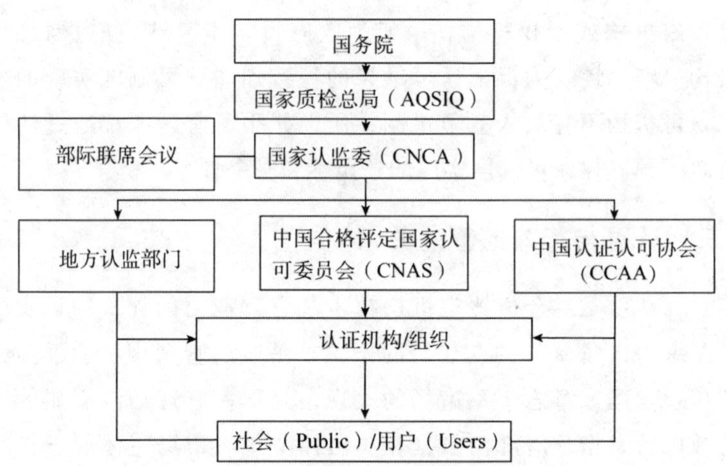

图 1.2　中国认证认可监管体系

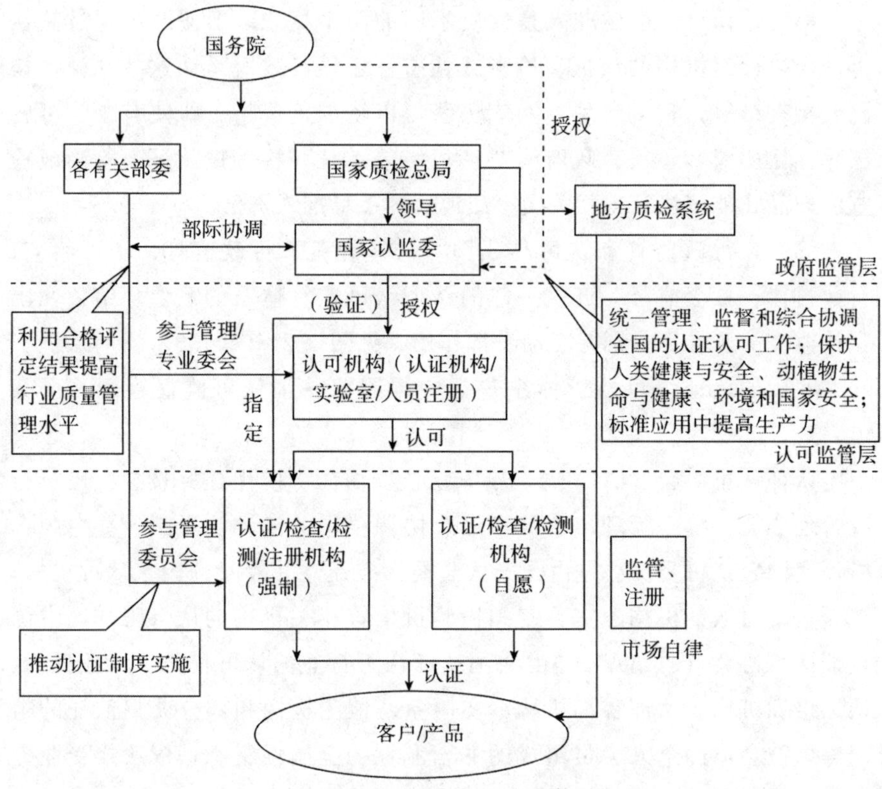

图 1.3　中国认证认可管理

二、认证认可的起源和发展

在国际市场上，产品认证认可已普遍成为顾客选择产品和合格供货商的依据，某些特定产品的认证认可还作为许多国家市场准入和政府采购的必要条件而被纳入法律、法规的要求。产品认证认可活动及其结果已越来越受到世人瞩目。

（一）产品认证认可的起源和发展

由独立于供需双方的第三方来证明产品质量符合性的认证认可活动，是商品经济发展的必然产物。产品认证认可的价值在于所建立的信心和信任的程度，这种信心和信任来源于第三方对产品、过程和服务符合规定要求进行的公正和有能力的证实。

产品认证认可的发展进程主要经历了三个阶段：

第一个阶段，通过国家立法，建立国家认证认可制度（20 世纪 50 年代前）。

第二个阶段，开放国家认证认可制度，推动国与国之间双边、多边认可和区域认证认可制度的建立（20 世纪 50—70 年代）。

第三个阶段，逐步建立以国际标准为依据的国际认证认可制度并继续强化区域性认证认可（20 世纪 80 年代以后）。

（二）产品认证认可的概念、目的、价值

产品认证认可是独立的第三方对产品是否满足规定要求所实施的评价和检测的证明。

产品认证认可的目的是给所有相关方对产品、过程和服务满足规定要求的信心。

认证认可的价值是对由第三方的公正和有能力证明规定要求符合性所建立的信心和信任的程度。

产品认证认可通常应用于以下四个方面：

第一，产品认证认可为政府所采用，以解决重要的社会关注。

第二，产品认证认可为供方采用，以获得消费者的接受和认可。

第三，产品认证认可为其他利益相关方采用和关注。

第四，产品认证认可有助于突破国际贸易技术壁垒。

（三）产品认证认可的阶段和活动

（1）选取：包括为收集和制作随后的确定阶段所需要的信息及其他输入资料所制定的计划和准备活动。

（2）确定：可以指测试、检测、检验、设计评估、服务和过程评估及关于产品是否符合特定要求所做的评审工作等。

（3）复核和证明：包括复核、认证认可决定和提供证明三项活动（图 1.4）。

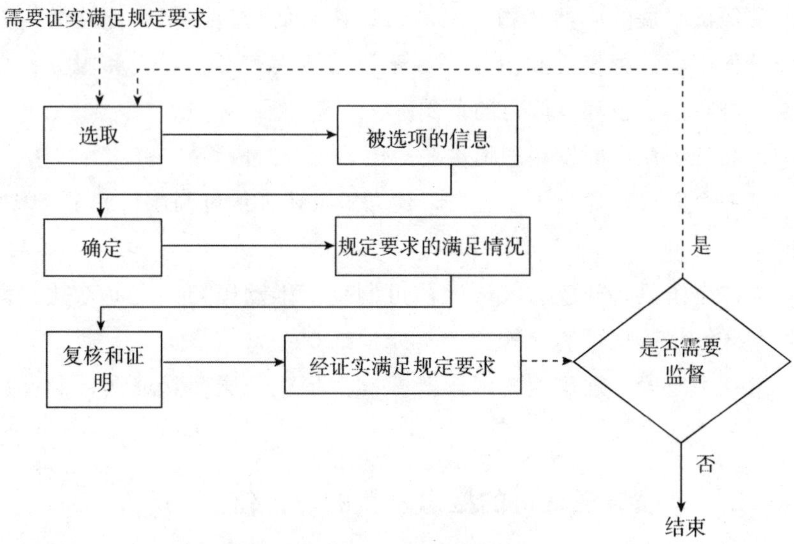

需要证实满足规定要求
选取
被选项的信息
确定
规定要求的满足情况
复核和证明
经证实满足规定要求
是否需要监督
是
否
结束

图 1.4　产品认证认可阶段图

（四）产品认证认可方案的要素

产品认证认可方案是针对具体的同类产品规定认证认可要求与认证规则和程序的文件，具有相同认证认可目的和管理的若干产品认证认可方案组合成产品认证认可制度。认证认可机构应依据产品认证认可方案运作产品认证认可活动。产品认证认可方案由基本要素和附加要素或子要素组成。通常，基本要素包括适用的认证认可产品范围、产品要求的认证认可要求、认证认可规则和程序、认证认可结果的表现形式、不符合认证认可要求时的措施，以及对这些要素的管理等。其中应当注意：

（1）确定产品认证认可方案的要素需要考虑的因素。

（2）ISO/IEC 17067—2013《合格评定，产品认证认可的基础和准则产品认证计划》。

（3）所有的产品认证认可方案中都应该包括选取、确定、复核和证明活动。

（五）产品认证认可方案和产品认证认可制度的关系

产品认证认可方案包含与特定产品相关的特定要求、规则、程序和管理，如果相同的规则、程序和管理适用于一组产品认证方案，这些产品认证认可方案可组合成一个有明确界定的产品认证认可制度（见表1.1）。

表1.1 GB/T 27067—2006标准产品认证认可制度的要素和制度

产品认证制度的要素	产品认证制度							
	1a	1b	2	3	4	5	6	*N*
1）选取（取样），适用时	√	√	√	√	√	√		
2）确定特性，适用时通过下列方法： a）检测（ISO/IEC 17025） b）[illegible] c）设计评价 d）服务评定	√	√	√	√	√	√	√	
3）复核（评价）	√	√	√	√	√	√	√	
4）认证决定 批准、保持、扩大、暂停、撤销认证	√	√	√	√	√	√	√	
5）许可（证明） 批准、保持、扩大、暂停、撤销使用证书或标志的权利		√	√	√	√	√	√	

续表

产品认证制度的要素	产品认证制度							
	1a	1b	2	3	4	5	6	N
6）监督，适用时通过下列方法进行：								
a）从公开市场抽样检测或检查			√		√	√		
b）从工厂抽样检测或检查				√	√	√		
c）结合随机检测或检查的质量体系审核						√	√	
d）对生产过程或服务评定				√	√	√	√	

GB/T 27067—2006 描述了产品认证认可的一些活动，确定了产品认证认可的基本要素和制度，并给出了设计产品认证认可制度时这些要素的一些组合方式。该标准着重强调有很多开展产品认证的方法，每种方法的特定应用均有其合理性。该标准还确定了产品认证的一般内容可以包括的各种活动。该标准之所以考虑这些要素，不是要暗示产品认证制度应当包含每个要素，而是为了提出每个要素的应用方法。本标准给出了设计产品认证制度时这些要素的不同组合方式。表 1.1 中的要素矩阵给出了一些更具通用性和普遍性的产品认证认可要素。该矩阵就如何组合使用这些要素以建立特定的认证认可制度提出了建议。为方便引用，可以为每种组合指定一个类型编号。这些要素也可以有其他组合以建立另外的制度。而且，使用者可以根据自身目的增加另外的子要素，以进一步细化和改进矩阵。

该标准的目的是增进对产品认证认可内容包含的广泛可能性的了解，以此来帮助那些开发和评价用于特定目的的产品认证认可制度及负责评价这些制度的人。使用时，这些要素可以与申请方质量体系的初次评审和监督（ISO/IEC 指南 53 给出了示例）或对生产过程的初次评审相结合。实施这些评审的次序可以不同。产品认证认可制度应当至少包含 2）、3）和 4）的要素。

三、认证认可的范围、程序和审核前准备

（一）认证认可范围

根据国家认监委和国家林业局 2015 年 6 月联合发布的《森林认证规则》，中国森林认证范围包括森林经营认证、产销监管链认证、非木质林产品经营认证、竹林经营认证、自然保护区森林生态环境服务认证、森林公园森林生态环境服务认证、生产经营性珍稀濒危野生动物饲养管理认证等，并且根据林业行业的特点，认证范围随着林业发展的需要而增减。由于中国森林认证管理委员会（CFCC）已与森林认证体系认可计划（PEFC）体系取得国际互认，其标识使用、互认条款遵循 CFCC 官方发布的相关要求（见表 1.2）。

表 1.2　森林认证范围和认证依据

序号	认证范围	认证依据
1	森林经营	《中国森林认证认可森林经营》(GB/T 28951—2012)
2	产销监管链	《中国森林认证认可产销监管链》(GB/T 28952—2012)
3	非木质林产品经营	《中国森林认证认可森林经营》(GB/T 28951—2012) 《中国森林认证认可非木质林产品经营》(LY/T 2273—2014)
4	竹林经营	《中国森林认证认可森林经营》(GB/T 28951—2012) 《中国森林认证认可竹林经营》(LY/T 2275—2014)
5	自然保护区 森林生态环境服务	《中国森林认证认可森林经营》(GB/T 28951—2012) 《中国森林认证认可森林生态环境服务认可自然保护区》(LY/T 2239—2013)
6	森林公园森林 生态环境服务	《中国森林认证认可森林经营》(GB/T 28951—2012) 《中国森林认证认可森林公园生态环境服务》(LY/T 2277—2014)
7	生产经营性珍稀濒危 野生动物饲养管理	《中国森林认证认可生产经营性珍稀濒危野生动物饲养管理》(LY/T 2279—2014)

（二）认证认可程序

认证程序分为企业自我评估、认证申请和受理及签订合同、认证实施、认证决定并颁发证书、获证后年度监督审核、再认证六个阶段。

1. 企业自我评估

（1）评估森林认证的必要性。森林经营单位应确认本单位是否有开展认证的必要，即认证是否将为企业经营带来收益，诸如认证将提高产品的市场竞争力，认证的收益是否可以超过认证成本等。

（2）开展内部评估。森林经营单位在正式认证之前，应进行内部的初步评估，包括对认证标准的解释，运用标准对企业经营活动进行评估，以确定本单位生产经营体系符合认证要求的程度。

（3）改进和完善森林经营管理，建立与森林认证要求相适应的管理体系以实现森林的良好经营。在内部评估之后，森林经营单位应依据标准对森林经营中存在的不足加以改进，建立切实可行的森林经营管理体系。

2. 认证申请和受理及签订合同

首先企业按所需认证领域（森林经营认证 FM、产销监管链认证 CoC，或 FM 下其他认证领域）填写相应的认证申请表，并与获得我国 CNAS 认可的合法认证机构取得联系（具体合法森林认证机构可以访问 CNAS 官方网站查询）。

认证机构自收到申请人提交的书面申请之日起，在 15 个工作日内完成形式审查。符合申请条件的，认证机构与申请人签署认证合同；不符合条件的，书面通知申请人并说明理由。需要补充材料的，申请人应在收到通知书 1 个月内将修改补充资料报认证机构，逾期不报视为放弃认证申请。

3. 认证实施

森林经营认证（FM、非木制林产品、森林环境服务）分为预评估、主评估和同行专家评议三个阶段；产销监管链认证（CoC）一般情况下直接进行主评估，如在评估中发现企业的经营管理与标准的要求差别较大可将主评估改为预评估，提出不符合项，企业整改后再进行主评估。

（1）预评估——合同签署后，认证机构将委派具备相应能力的审核组按照双方协商的审核方案实施现场审核。审核组的现场审核分为文件审核和实地考察。文件审核主要审核企业的经营管理体系文件与森林认证标准的要求是否相符；实地考察是考察其生产过程是否符合体系的要求，提出不符合项以促进受审核企业进行相应整改。预评估的目的，是确定认证的可行性，为有效地开展主评估进行充分的准备。

（2）主评估——根据申请方预评结果整改情况、经营规模和强度，确定主审核方案。严格依据标准审核并获取相应依据（含审核发现），在充分掌握审核实录的基础上形成审核报告，并在审核报告中明确审核组的认证建议。

（3）同行专家评议——根据认证程序，评估报告和相关文件需由同行专家进行评议并提出意见，审核组针对意见做出解释并对审核报告做必要的修改，完成审核报告。

4. 认证决定

认证机构按规定程序对所有的审核资料和报告进行评审，由认证决定人员（审核组长）做出认证决定，并及时向申请人送达认证决定和审核报告。认证通过的，认证机构向申请人签发认证证书，证书有效期为 5 年。

5. 获证后的监督

森林经营认证（FM）、产销监管链认证（CoC）及其他所有 CFCC 认证项目的第一次监督审核（年度审核）在获证后的 12 个月内进行，之后每 12 个月实施 1 次。在获证证书 5 年有效期内，年度审核应覆盖森林认证评审的全部内容。

6. 再认证

在证书到期前 3 个月，获证组织提出再认证申请。再认证通过后，认证机构签发新的认证证书。

（三）受审核单位的审核前准备

为了使认证机构系统、高效地完成认证审核工作，认证申请者要进行必要的准备工作，并检查相关的文件证明。

1. 森林经营认证（FM）

根据森林经营认证的要求（FM），申请单位需要准备和提供以下材料：

（1）相关的法律法规文本及国家和地方政策文本。

（2）需要缴纳的税费种类清单。

（3）上年度纳税情况及各种完税、缴费证明。

（4）如果存在违法经营行为，应提交原始记录，并提供处理结果文件。

（5）全部经营林地的合法林权证。

（6）如有承包、租赁或林权转让情况，森林经营单位应当提供相关文件，说明土地及森林权属的性质（国有、集体、合作经营等），是否长期（至少是一个轮伐期）拥有相关经营管理权利。

（7）经营林地边界的地图以及相关的林班图、林相图等。

（8）近年来占用、征用林地和改变林地用途的报告，并提供相关部门的审批文件。

（9）森林经营方案。

（10）上年木材采伐计划和木材采伐资源消耗量小于林木生长量的说明，以及上级林业主管部门批复文件。

（11）上年木材采伐许可证。

（12）上年木材实际采伐量和采伐地点的记录。

（13）上年木材销售量。

（14）重点生态公益林和高保护价值森林图示、地理位置和禁伐的证明。

（15）上年所有采伐的伐区工艺设计方案和伐区生产验收报告。

（16）上年全部造林设计和作业编制方案及造林结果报表，出示上年造林设计符合经营目标及造林、抚育、间伐、主伐和更新计划。

（17）产销监管链体系框架及体系管理状况，包括木材产品销售清单和记录。

（18）木材运输证明。

（19）企业木材运输销售记录。

（20）伐区生产工艺设计中主要采伐方式、集材方式、道路网密度等相关资料。

（21）森林病虫害防治体系，包括防治机构、运行机制、投入机制、管理机制等相关材料。

（22）上年农药使用数量与品种。

（23）森林防火制度和森防体系资料，包括组织机构、专业队伍、管理机制、投入机制、制度建设等。

（24）职工出勤记录、每日工作时间及假日休假记录。

（25）假日工作职工工资表。

（26）职工工资表。

（27）劳动安全卫生制度及职工伤亡事故、职业病统计处理报告。

（28）用工表及女职工、未成年工实行特殊劳动保护的情况报告。

（29）职业培训制度、培训计划和培训记录。

（30）环境影响评估报告。

（31）社会影响评估报告。

2. 产销监管链认证（CoC）

根据产销监管链认证的要求，申请人应该准备如下资料：

（1）持有关部门登记注册证明或其他证明其法律地位的文件，包括营业执照（三证合一后只需要提供营业执照即可）和法人身份证复印件。

（2）按规定提交一份正式的由其授权代表签署的认证申请书及附件，包括正式的认证申请表一份（电子档＋扫描档）、组织概况（公司简介、管理架构及经营规模情况说明）、管理体系文件及实施情况（产销监管链管理手册及程序文件，相关管理记录等）。

2280—2014）、《中国森林认证　产销监管链操作指南》（LY/T 2282—2014）、《中国森林认证　非木质林产品经营认证操作指南》（LY/T 2514—2015）、《中国森林认证　联合认证操作指南》（LY/T 2513—2015）等标准进行有针对性的准备。

（四）审核要素

根据《中国森林认证　森林经营》（GB/T 28951—2012）标准，森林经营认证所要求审核的要素覆盖五个部分九大方面，具体如图 1.6 所示。

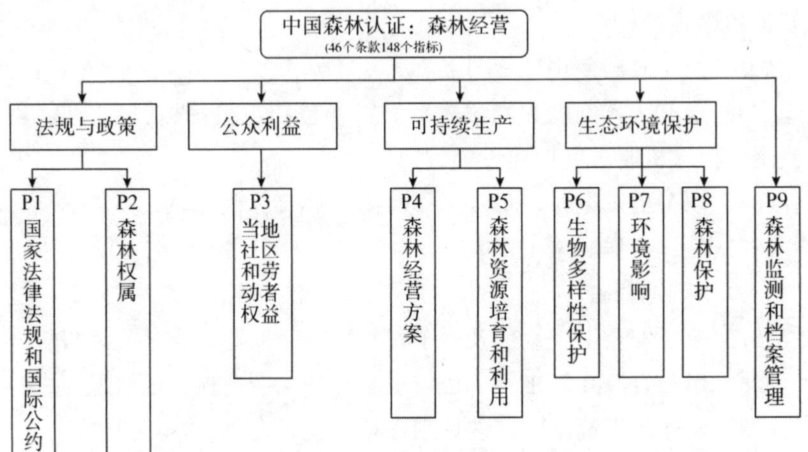

图 1.6　中国森林经营认证所要求审核的要素

根据《中国森林认证　产销监管链》（GB/T 28952—2012）标准要求，产销监管链的审核要素主要覆盖七个板块，如图 1.7 所示。

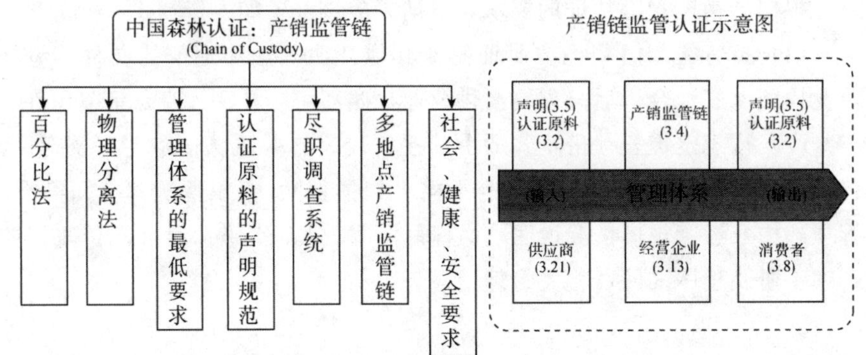

图 1.7　产销监管链的审核要素

申请人可以按照森林认证的国标进行对标，并按照审核的要素进行相应的对标，以满足审核的要求。

(五) 认证审核准备相关要求

1. 管理要求

(1) 明确职责。

申请人应明确在被认证过程中或通过认证后的职责，根据认证要求在管理层内指定一名负责人作为管理者代表，专门负责森林认证事宜，做到：

①与认证机构沟通。

②制定必要的森林认证产品保障措施，以保证获得森林认证的产品在认证有效期内持续有效。

③相关方对申请或获得森林认证的产品的投诉得到及时有效的处理。

（2）提供保障。

申请人应为森林认证保障措施的建立与保持提供必要的支持，以确保：

①经营管理、生产程序、采购、储存、加工、销售各个生产环节满足森林认证标准的要求。

②从事森林认证管理和认证产品生产过程有关人员具备必要的能力。

（3）标识与证书。

申请人应制定森林认证标识与证书管理的保障措施，以确保森林认证标识及其认证证书的使用符合森林认证标识使用管理规定的要求。

（4）文件及记录。

申请人应建立与保持符合认证要求的相关文件及记录。

（5）信息交流。

申请人应建立与保持与认证机构必要的信息交流保障措施，以确保：

①所执行森林认证标识标准、法律法规的有效性。

②申请人与认证机构信息交流渠道畅通，有关认证产品变更的信息及时通报认证机构。

（6）不符合、纠正与预防措施。

申请人应对不符合项进行处理与调查，并采取纠正与预防措施，以减少由此产生的影响，防止类似不符合的再发生。

（7）保障措施的监测评估。

申请人应对保障措施的建立与运行状况进行定期评审，以确保保障措施的有效性和充分性，评审过程应形成文件。

2. 产品行为要求

（1）森林认证产品的设计和开发。

①申请人应制定森林认证产品的设计标准或规范，其要求应满足森林认证标识标准的要求。

②申请人应对产品进行设计和开发策划并形成设计和开发方案，并

在设计和开发方案和相应文件中确定森林认证产品能符合指标要求。

③申请人应对设计和使用的产品标识进行评审，并对其是否满足森林认证标识标准进行确认。

(2) 控制环节和材料采购。

①申请人应建立采购控制措施，以确保供应商提供的原料满足森林认证标准的要求。对于采购要求，应与供应方进行有效沟通。

②申请人应建立对供应商管理的相关措施，包括对供应商的选择、评定等相关内容。

(3) 生产过程控制。

申请人应对影响产品的关键生产工序进行控制，以确保生产过程处于受控状态。

(4) 检验。

①申请人应对受控原材料进行有效检验。

②申请人应在生产的适当阶段对产品进行检验，规定过程检验的要求和方法，形成符合森林认证标准要求的文件或规定，并按文件规定进行检验。

③申请人应建立成品检验控制措施，规定其森林认证指标的要求和方法，并按要求进行抽样，结果应满足森林认证标准的规定。

(5) 不合格品的控制。

申请人应建立不合格品的控制措施，对不合格品的标识、隔离和处置及采取的纠正、预防措施进行控制；应保存对不合格产品的处置记录。

(6) 产品的包装和标签

申请人应保证产品的包装、标签符合相应标准要求。

注意，一个企业从申请森林认证的那一天起就对社会和公众做出了一个庄重的承诺：本生产经营单位所提供的森林产品或服务是完全按照可持续发展的模式进行的；我生产的产品中木质及非木质原料来自负责任、可持续经营的森林。认证机构的认证工作就是证明和确认这个承诺，并证明这个企业做出这个承诺的真实、可靠性，把这个承诺和对这个承诺的信任传递给社会和公众。获证企业和认证机构都必须时刻牢记自己承诺和责任。

四、认证认可的相关标准

（一）合格评定相关概念

标准（standard）是指通过协商一致建立的并经权威机构批准的文件，为共同且重复使用。该文件规定了活动或活动结果的规则、准则或特性，其目的是在规定的范围内获得最佳秩序[①]。

国际标准（International Standard）是指国际标准化组织/标准组织采纳的并且可向公众提供的标准。

技术规范（Technical Specification，TS）是指 ISO 或 IEC 制定的未来有可能形成一致意见且上升为国际标准的文件[②]。但是，这类文件当前不能获得批准成为国际标准所需要的支持，对是否已形成协商一致尚未确定，其主题内容尚处于技术发展阶段，或另有原因使其不可能作为国际标准马上出版。

技术报告（Technical Report，TR）是由 ISO 或 IEC 发布的文件，它包括从那些通常作为国际标准出版的资料中收集的各种数据[③]。

指南（guide）是指 ISO 或 IEC 制定的文件，它提供与国际标准化相关的规则、定向、建议或推荐[④]。

（二）合格评定相关机构

国际标准化组织（ISO）是国家性质的标准机构（ISO 成员机构）的国际联盟。国际标准的制定工作通常是由 ISO 各个技术委员会来进行的。对技术委员会已制定的课题感兴趣的每个成员机构，都有权派代表参加该委员会。国际组织、政府的或非政府的、与 ISO 保持联络的组织，也可以参与这方面的工作。ISO 与国际电工委员会（IEC）在所有电工技术

① 标准应当依据科学、技术和经验的综合结果，其目的是促进社团的最佳利益。

② 技术规范的内容包括附录，同时还可以包括要求；技术规范不得与现行国际标准矛盾；允许同一主题下有几个技术规范竞争。1999 年中期之前，技术规范被称为 1 或 2 类技术报告。

③ 这类数据可能包括：例如从国家成员体的评述中得到的数据，其他国际组织中的工作要素数据，或者与国家成员体某一具体要素的标准有关的技术发展动态数据。1999 年中期之前，技术报告被称为第 3 类技术报告。

④ 指南可论及 ISO 和 IEC 制定的文件中用户关心的所有问题。

标准化方面合作紧密。ISO是世界上最大的国际标准制定者和发布者，成员主要是各国的国家标准化机构，遍及世界各地；成员资格分为成员机构、通讯成员、联络成员。ISO制定国际标准，但并不从事合格评定活动。ISO合格评定委员会（CASCO）负责制定合格评定领域里的国际标准和指南。

根据“关贸总协定”的要求，为了使各国认证制度逐步走向以国际标准为依据的国际认证制度，ISO于1970年成立了认证委员会。随着认证制度逐渐向合格评定制度的发展，1985年该委员会更名为合格评定委员会（ISO/CASCO）。随着ISO组织的改革，1994年又更名为合格评定发展委员会（ISO/CASCO）。相应地，CASCO不断修订合格评定的标准和指南，以适应快速发展的合格评定活动的需要，促进国际相互承认合格评定结果，减少贸易障碍，降低合格评定成本，缩短进入市场的时间，促进国际贸易发展。

国际电工委员会（International Electrotechnical Commission，IEC）是制定和发布国际电工电子标准的非政府性国际机构，于1906年正式成立于英国伦敦。IEC的宗旨是：促进电工、电子工程领域中的标准化及有关事项（如认证）方面的国际合作，增进国家间的相互了解。

国际标准草案分发给成员机构以供其投票。一个国际标准的正式发布需要参与投票的成员机构至少75%的赞成率。

ISO和IEC已经制定了一系列国际标准和指南——合格评定工具箱——在全世界范围内被合格评定制度采用。这些国际标准和指南在国际一致同意的基础上合并成良好的合格评定实践。

（三）合格评定相关标准简介

（1）GB/T 20000.1/ISO/IEC导则第2部分。

（2）《合格评定　词汇和通用原则》（GB/T 27000－2006/ISO/IEC 17000：2004）。

（3）《合格评定　合格评定用规范性文件的编写指南》（GB/T 27007－2011/ISO/IEC17007：2009）。

（4）《合格评定　认可机构通用要求》（GB/T 27011－2005/ISO/IEC 17011：2004）。

（5）《各类检查机构运作的基本准则》（GB/T 18346—2001/ISO/IEC17020：1998）。

（6）《合格评定　管理体系审核认证机构的要求》（GB/T 27021－2007/ISO/IEC 17021：2015）。

（7）《第三方认证制度中标准符合性的表示方法》（GB/T 27023－2008）。

（8）《合格评定人员认证机构通用要求》（GB/T 27024－2014/ISO/IEC 17024：2003）。

（9）《检测和校准实验室能力的通用要求》（GB/T 27025－2008/ISO/IEC 17025：2005（CL01））。

（10）《认证机构对误用其符合性标志采取纠正措施的实施指南》（GB/T 27027－2008）。

（11）《合格评定　第三方产品认证制度应用指南》（GB/T 27028－2008）。

（12）《合格评定　第三方符合性标志的通用要求》（GB/T 27030－2006）。

（13）《合格评定　合格评定机构和认可机构同行评审的通用要求》（ISO/IEC 17040：2010）。

（14）《合格评定　供方的符合性声明——第 1 部分：通用要求》（ISO/IEC 17050.1－2006）。

（15）《合格评定　供方的符合性声明——第 2 部分：支持性文件》（ISO/IEC 17050.2－2006）。

（16）《合格评定　产品认证中利用组织质量管理体系的指南》（GB/T 27008－2008）。

（17）《合格评定　产品、过程和服务认证机构的要求》（GB/T 27065－2015/ISO/IEC 17065：2012）。

（18）《合格评定　产品认证基础》（GB/T 27067－2006）。

（19）《合格评定结果的承认与接受安排协议》（ISO/IEC 指南 68：2006）。

（20）其他 ISO/IEC 标准和指南文件。

ISO 17007－2009 合格评定是合格评定用规范性文件的编写指南。标准规定了撰写规范性文件的原则和指南，例如标准、技术规范、行为守则和条例，以便言简意赅，特别是在标准中的合格评定的后续活动。标准是为标准编写者（不包含 ISO/IEC 导则的编写）、行业协会、购买者、监管者、消费者和非政府团体、认可机构、合格评定机构、合格评定方案的拥有者和其他相关方提供使用的。

本合格评定提供了制定合格评定对象特性的规定要求的规范性文件的指南，满足合格评定对象的规定要求；提供了制定合格评定制度规定要求的规范性文件的指南，采用合格评定制度的规定要求，来证实合格评定对象是否满足规定要求。

(四) 与产品认证活动有关的法律法规

与产品认证活动有关的法律法规包括《中华人民共和国产品质量法》、《中华人民共和国标准化法》、《中华人民共和国计量法》和《中华人民共和国认证认可条例》。

五、关于 ISO 9000 系列标准

目前，已颁布了 ISO 9000 系列标准 2015 版，其与 2008 版有一定的区别，下面以 2008 版为例，进行相关标准的介绍。

ISO 9000 族标准的关系如图 1.8 所示。

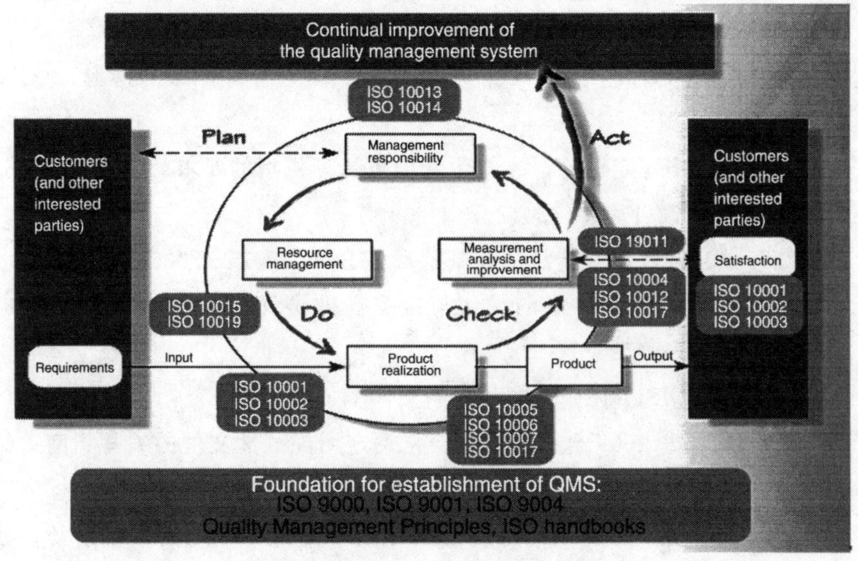

图 1.8 ISO 9000 族标准的关系图

从图 1.8 可以看出，ISO 9000 系列标准之间相互联系，共同构成族标准或家族标准。另外，2008 版 ISO 9000 族标准的构成见表 1.2。

表 1.2 2008 版 ISO 9000 族标准的构成

核心标准	ISO 9000 / ISO 9001 / ISO 9004 / ISO 19011
相关标准	《测量控制系统》(ISO 10012：2001)
其他标准/技术规范/报告	ISO 10001－ISO 10004 顾客满意系列 《质量管理　项目管理质量指南》(ISO 10006) 《质量管理　技术状态管理指南》(ISO 10007) 《质量管理　顾客满意　商家与消费者电子商务交易指南》(ISO 10008) 《质量管理体系文件指南》(ISO 10013) 《质量管理　财务和经济效益实现指南》(ISO 10014) 《质量管理　培训指南》(ISO 10015) 《统计技术指南》(ISO 10017) 《 质量管理　人员参与和能力指南》(ISO 10018：2012)
小册子	《质量管理原则》《选择和使用指南》《小型企业的应用》

其他相关标准包括：

(1)《质量管理体系　基础和术语》(GB/T 19000－2008)。

(2)《质量和/或环境管理体系审核指南》(GB/T 19011－2013)。

(3)《质量管理　顾客满意　组织行为规范指南》(GB/T 19010－2009)。

(4)《质量管理　顾客满意　组织处理投诉指南》(GB/T 19012－2008)。

(5)《质量管理　顾客满意　组织外部争议解决指南》(GB/T 19013－2009)。

(6)《质量管理　顾客满意　监视和测量指南》(GB/Z 27907－2011)。

(7)《质量管理体系　质量计划指南》(GB/T 19015－2008)。

(8)《质量管理体系　项目质量管理指南》(GB/T 19016－2005)。

(9)《质量管理体系　技术状态管理指南》(GB/T 19017－2008)。

(10)《质量管理体系文件指南》(GB/T 19023－2003)。

(11)《质量管理　实现财务和经济效益的指南》(GB/T 19024－2008)。

（12）《质量管理　培训指南》（GB/T 19025－2001）。

（13）《GB/T 19029－2000　统计技术指南》（GB/Z 19027－2005）。

（14）《质量管理体系咨询师的选择及其服务使用的指南》（GB/T 19029－2009）。

（一）与质量相关管理体系介绍

1. 质量管理体系标准与其他管理标准的关系

其他管理标准包括：

ISO 14001 环境管理体系标准

OHSAS 18001 职业健康安全管理体系标准

ISO 22000 食品安全管理体系标准

ISO/IEC 22301：2012 业务连续性管理体系标准

ISO 27001 信息安全管理体系标准

ISO 28000 供应链安全管理体系标准

ISO 31000 风险管理标准

ISO 39001 道路交通安全管理体系标准

ISO 50001 能源管理体系标准

ISO 55000 资产管理体系标准

卓越绩效管理

精细化管理（精益生产）

六西格玛管理

2. 2008 版 ISO9000 族标准介绍

2008 版 ISO9000 族标准的构成如图 1.9 所示。

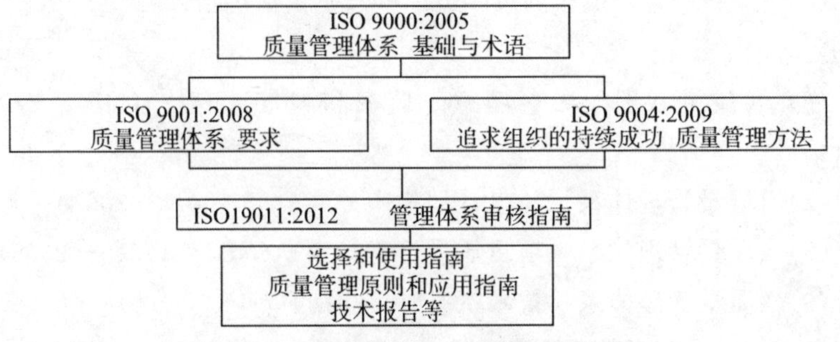

图 1.9　2008 版 ISO9000 族标准构成

2008 版 ISO 9000 族标准章节设置及其内在逻辑如图 1.10 所示：

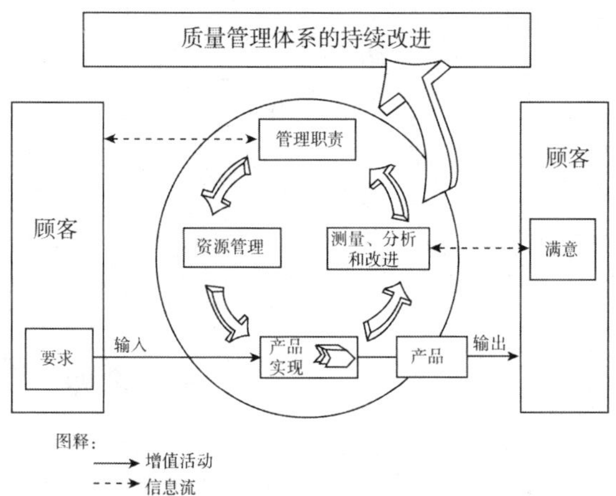

图 1.10　以过程为基础的质量管理体系模式

ISO 9001：2008 标准的构成如图 1.11。

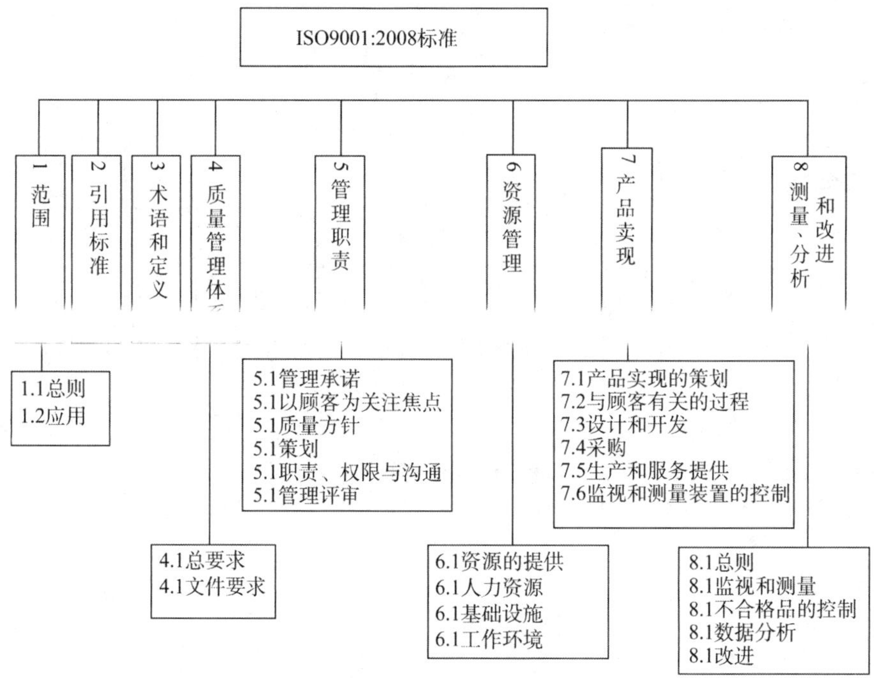

图 1.11　ISO 9001：2008 标准的构成

具体包括：

第一章：范围。

第二章：规范性引用文件。

第三章：术语和定义。

第四章：质量管理体系（QMS）（图 1.12）。

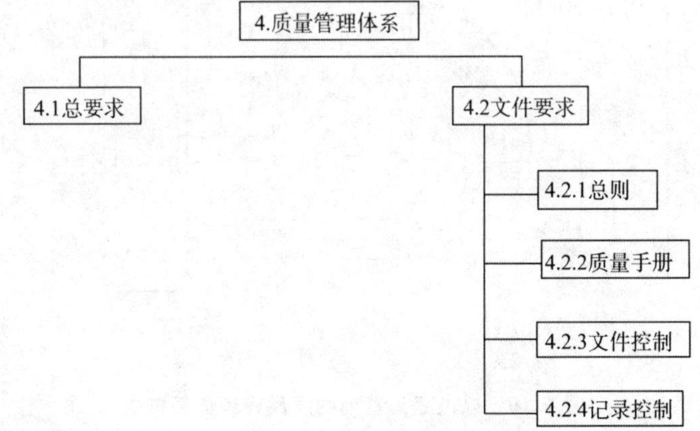

图 1.12　第四章框架图

第五章：管理职责（图 1.13）。

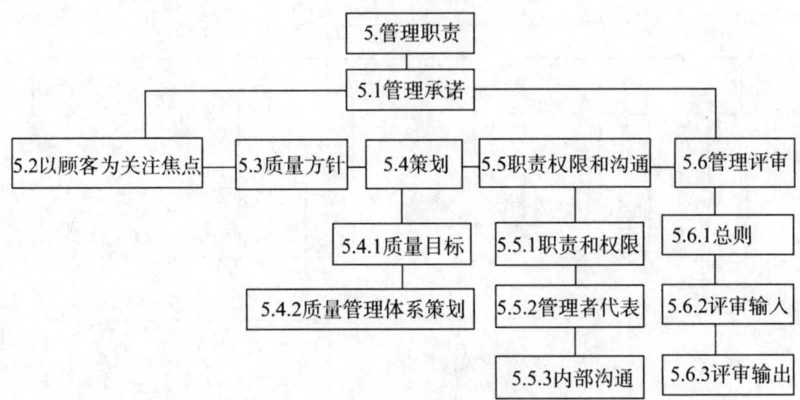

图 1.13　第五章框架图

第六章：资源管理（图 1.14）。

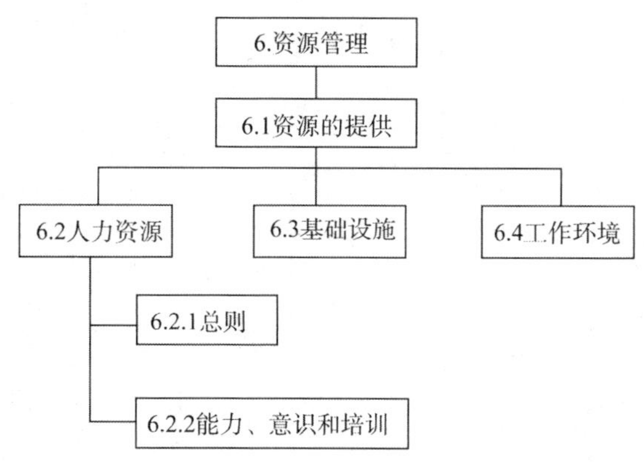

图 1.14 第六章框架图

第七章：产品实现（图 1.15）。

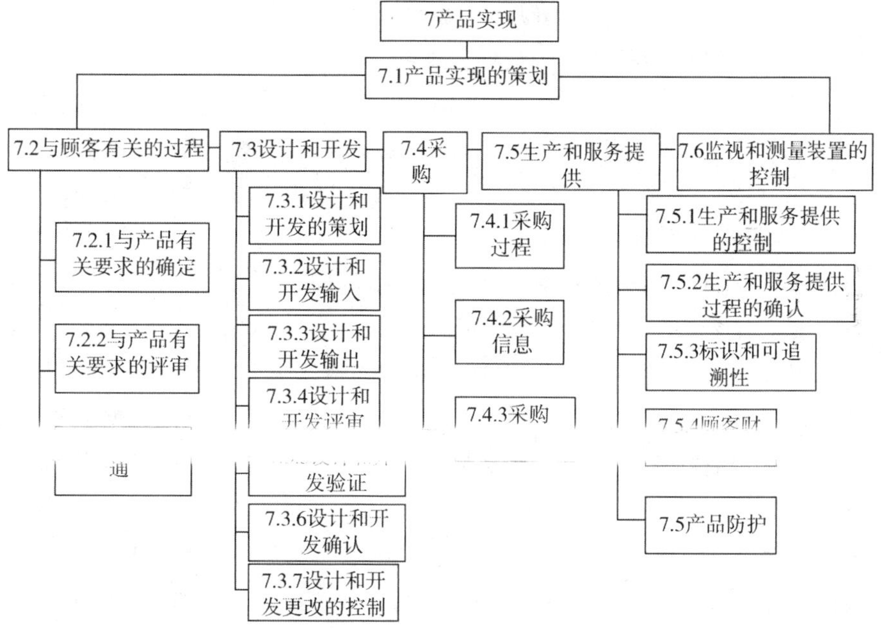

图 1.15 第七章框架图

第八章：测量、分析和改进（图 1.16）。

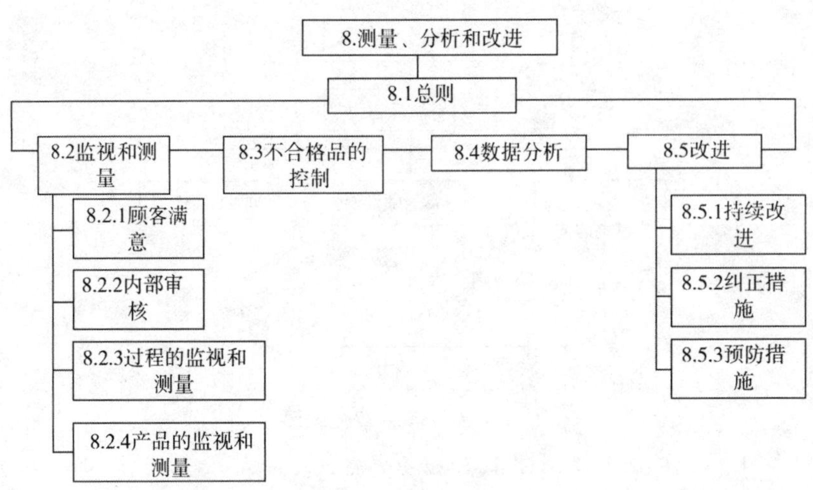

图 1.16　第八章框架图

3. ISO 9000 族标准的产生和发展

(1) 发展史。

1987 年发布 ISO 9000 系列标准；1994 年进行修订但仅为有限修订；2000 年再修订，为彻底修订；2008 年再次修订；2015 年修订——技术修订。每过七年左右修订一次。

自 1959 年开始研究标准。美国采取供应商—军方模式，即美国军方告诉供应商该做什么。英国 BS 5750 标准分三部分，覆盖运作设计开发、生产服务、生产安装、最终检验和试验，很受欢迎，ISO 采用了英国 5750 标准（1987 年颁布）。第一版标准强调程序，强调对程序的控制；1994 年从控制到保证，引入预防措施；2000 年对标准进行了技术修订，有了重大变化，将三个标准合并为一个标准，引入了过程管理、绩效测量、持续改进的概念，从保证到管理；2008 年做了较少的修改；2015 年的修改是技术修改，变化很大，基于导则 1 附录“SL”的基本架构，且三大体系（质量、环境、安全）都在按基本模式做改换，修改版强调了组织所处的环境和背景，将管理层改为领导，过程方法或成为强制执行的方法，名词术语对产品、服务的解释与输出的概念结合，过程方法的解释与系统的管理方法、PDCA、风险意识结合。

(2) 管理体系标准发展。

1925—1975 年：控制。注重产品，首先是特性的确定和检查，进而是成型、配合、功能。

1975—2000 年：保证。注重过程，确定和确保符合性，即“写你所做的，做你所写的”。

2000—2012 年：管理。注重体系，提供资源以获得成功；以结果为导向。

2012—2018 年：整合。注重企业，包括质量、安全、环境、安保、财务等，以及风险管理的各种形式。

（3）修改的原因。

①近年以来国际和世界变化很大，全球化高速发展，智能手机、互联网、社会媒体发展很快，一件发生在地球一角的事一夜间全球都可以知道，足不出户可以办许许多多事，不仅拉近了全球人的距离，更重要的是需要更高速、高效、高质量的组织策划、协调、管理能力。

②从 ISO 9000 系列 1987 年发布第一个标准到现在已经陆续有 16 个管理体系标准，虽然涉及的领域不同，但是在管理体系方面大致相同。

③从 2000 年到现在质量管理也在发生很大变化。虽然 2000 版标准时将产品和服务并列，但是以往的质量管理体系还是着重于对产品的管理。随着社会消费的变化，服务的占比和作用越来越大。产品和服务的质量要求是有很大不同的，例如产品一般是批量生产的要求有很好的一致性，作为质量管理和保证的重点也是在此；但是服务就不同了，服务并不要求一致性，甚至要求差异化、个性的服务，如到饭店吃饭，每个人的要求就不一样，那么如何有针对性地管理服务质量就必然提到管理体系之中。

④根据国际标准化委员会的规定，每 5 年要对标准进行评审，然后决定是否修改。

⑤估计修改后的标准基本架构要用 12～15 年。

（4）标准内容的主要部分变化。

标准内容的主要部分变化包括章节结构的变化。增加了“组织的环境”章节，“删减”不局限在某个章节，过程方法的应用要求更为明确和具体，增加了“风险”方面的内容（体系、过程与产品和服务三个层面），取消了“预防措施”条款，取消了对质量手册和管理者代表的要求，使用“文件化信息”取代“文件”与“记录”（保持、保存），用“外部提供的产品和服务的控制”取代“采购”和“外包”，增加了过程绩效指标方面的要求。

（5）2015 版 ISO 9001 三个核心概念。

2015 版 ISO 9001 三个核心概念分别为：过程方法，识别和管理达到结果所需的过程；基于风险思维，从组织层面和过程层面持续控制风险；使用 PDCA 方法管理过程和体系。ISO 管理体系标准（MSS）格式的标准包括：

第一章——范围（Scope）

第二章——规范性引用文件（Normative references）

第三章——术语和定义（Terms and definitions）

第四章——组织的环境（Context of the organization）

第五章——领导作用（Leadership）

第六章——策划（Planning）

第七章——支持（Support）

第八章——运行（Operation）

第九章——绩效评价（Performance evaluation）

第十章——改进（Improvement）

新增加的内容包括：

第四章：组织的环境。包括：4.1 理解组织及其环境；4.2 理解利益相关方的需求和期望；4.3 确定质量管理体系的范围；4.4 质量管理体系及其过程。其中 4.4 对应 2008 版标准的 4.1。

第五章：领导作用。包括：5.1 领导作用与承诺（5.1.1 对质量管理体系的领导作用与承诺，5.1.2 以顾客为关注焦点）；5.2 质量方针；5.3 组织的角色、职责和权限。基本对应 2008 版的第五章管理职责。

第六章：策划。包括：6.1 风险和机会的应对措施；6.2 质量目标及其实现的策划；6.3 变更的策划。基本对应 2008 版标准第五章管理职责。

第七章：支持。包括：7.1 资源（7.1.1 总则，7.1.2 人员，7.1.3 基础设施，7.1.4 过程运行环境，7.1.5 监视和测量资源，7.1.6 组织的知识）；7.2 能力；7.3 意识；7.4 沟通；7.5 文件化信息（7.5.1 总则，7.5.2 编制和更新，7.5.3 文件化信息的控制）。基本对应 2008 版标准的第 6 章、第 4 章、第 7 章（部分）。

第八章：运行。包括：8.1 运行的策划和控制；8.2 产品和服务要求的确定；8.3 产品和服务的设计与开发；8.4 外部提供的产品和服务的控制；8.5 生产和服务提供；8.6 产品和服务的放行；8.7 不合格过程输出、产品和服务的控制。对应 2008 版标准第 7 章。

第九章：绩效评价。包括：9.1 监视、测量、分析和评价（9.1.1 总则，9.1.2 顾客满意，9.1.3 分析和评价）；9.2 内部审核；9.3 管理评审。基本对应 2008 版第 8 章。

第十章：改进。包括：10.1 总则；10.2 不合格与纠正措施；10.3 持续改进。基本对应 2008 版第 8 章。

（6）关于管理体系的架构。

国际标准的导则 1 的一部分是 SK 的继续，在导则 83 的基础上制定，是管理体系标准制定者的标准，标准起草者应采纳的标准。多管理体系标准应共同遵守类似要求（例如：方针、目标、人员能力培训），它们之间相似但是又有自己领域的特点。

SL＋特定领域自己的要求，新版 ISO9001 是 50％ SL＋50％ QMS 的要求，新版 ISO14001 是 60％ SL＋40％ EMS 的要求；信息安全是 70％ SL＋30％ ISMS 的要求。

SL 的三要素：

①高层构架，每一标准都采用相同架构，都要有相同题目和条款；

②不管内容是什么，在前面加一个前缀即可，例如 6. 质量管理体系策划；

填入，可以增加字 ，但不可以减少字，例如 4.1 质量管理体系的结果；4.1 环境管理体系的结果。

第二章　中国森林认证进程

自森林认证在世界范围内兴起，我国也于20世纪末开始引入森林认证，并逐步成立了相关委员会，颁布相关标准和法律。本章主要介绍森林认证在中国的发展，包括森林认证在世界范围内的兴起，相关机构的介绍，森林认证在中国的推进，中林天合（北京）森林认证中心的发展及对于森林审核员的要求等。

一、森林认证的兴起与趋势

（一）森林认证兴起进程

森林认证作为促进森林可持续经营的一种市场机制，于20世纪90年代初逐渐兴起。由环境保护和社会方面的非政府组织、致力于提高森林经营水平的企业及期望提高木材供应渠道透明度的人士共同发起了“森林认证”行动，旨在通过对森林经营活动进行独立的评估，将“绿色消费者”与寻求提高森林可持续经营水平的企业及扩大市场份额获得更高收益的生产商联系在一起，将森林可持续经营与木材销售市场联系起来。通过绿色消费者（只采购认证林产品）行动，支持森林可持续经营。森林管理委员会（FSC）、森林认证体系认可计划（PEFC）、泛非森林认证体系（PAFC）、可持续林业倡议（SFl）等森林认证体系陆续形成。

随着森林可持续经营的发展，世界自然基金会（WWF）等国际组织和英国、荷兰、瑞典、德国、美国、加拿大、巴西、印度尼西亚、马来西亚等国家相继成立了森林和林产品认证机构，国际化的森林和林产品认证行动迅速兴起。

作为促进森林可持续经营和林产品国际市场准入的制度创新和市场行为，21 世纪以来森林认证逐步为国际社会和各国政府所广泛接受。一些国家和地区也开始了自己森林认证实践及森林认证体系建立的进程，森林认证迅速在世界范围蓬勃发展。

（二）森林认证的基本情况

森林经营和产销监管链认证，是由独立的第三方机构，依据相应认证体系的认证标准，按照规范的程序，审核证明生产木材及相关林产品的森林所在地和经营企业状况的过程。其目的是向消费者传递有关林地生产的木材或采购加工的产品是否来自可持续经营森林的信息，据此提高和加强合理利用森林资源意识，确保森林可持续经营。

森林认证属于“绿色标签”“环境标签”或“生态标签”的范畴。

森林认证的特点有自愿性、市场化、参与性、透明性、公正性、独立性。

经过 20 多年的快速发展，森林认证得到了各方的广泛支持和认可，作为促进森林可持续经营的一种市场机制，已成为世界林业发展的潮流和趋势。而无论采用何种认证体系，都必须遵循涵盖全部利益相关群体，符合环境、社会和经济的标准。

（三）FSC、PEFC 体系概况

1. 森林管理委员会（FSC）

森林管理委员会（FSC）是非营利的会员制团体，为负责任的森林管理提供标准，为认证机构提供广泛的监管体系和鉴定体系，为通过认证的林产品提供认证标识。得到了购买者集团和全球森林与贸易网络（GFTN）的支持，具有较可靠的市场基础。

根据 FSC 的原则、标准和条件，各会员国制定相应的操作标准，由经过认可的第三方机构开展 FSC 认证。

2. 森林认证体系认可计划（PEFC）

森林认证体系认可计划（PEFC）是在国际公认的可持续森林管理基础上，国家、地区间可信任的认证体系的互认平台，已评估认可30多个独立的认证体系。中国森林认证体系（CFCS）已完成与PEFC互认。

二、森林认证在中国的推进

（一）国外认证体系在中国的认证活动

FSC、PEFC于21世纪初（2001年、2007年）先后进入中国，设立办事处，并授权在华的外资认证机构开展森林认证活动。这顺应了国内迅猛发展的外向型加工企业为满足产品顺利进入国际市场的迫切需求。尽管未经国家认证监管部门认可，却迅速占领国内森林认证市场，完成了相当数量的认证审核并颁发认证证书，同时开展不同类型的培训宣介，在中国森林认证市场，尤其是需求企业中具备了相当影响。

（二）中国森林认证体系（CFCS）的形成进程

中国政府高度重视生态环境建设，积极倡导森林可持续经营，建立了严格的森林资源监管体系，实施了包括天然林保护、退耕还林等重点生态建设工程，取得了举世瞩目的成就。

在森林认证兴起之初，我国相关专家就关注并研究其发展趋势。

1995年中国有关方面积极参与有关森林认证问题的国际讨论。

1999年7月国家林业局与世界自然基金会在北京联合召开了“森林可持续经营与认证国际研讨会”，促进了政府、学界和企业对森林认证的认识和了解。

2001年10月，中国正式加入蒙特利尔进程；11月，中国承办了蒙特利尔进程第12次会议，会议引起了我国政府对森林认证的高度关注。

2001 年 3 月，国家林业局设立了森林认证处，同年 7 月组织成立了中国森林认证领导小组。并安排专项经费支持开展森林认证研究及推动森林认证试点，其间曾多次举办培训班、研讨会，并在 20 多个省区开展模拟认证试点。

2002 年 8 月，国家林业局加入全国认证认可部际联席会议，中国森林认证纳入国家统一认证认可制度。

2003 年《中共中央国务院关于加快林业发展的决定》提出，积极开展森林认证工作，尽快与国际接轨。

2007 年国家林业局发布了中国森林认证行业标准（森林经营、产销监管链）。

2007 年 7 月国家林业局局务会议决定委托联合牵头筹建我国第一家森林认证机构。

国家认监委与国家林业局密切合作，于 2008 年 6 月 6 日联合发布了《关于开展森林认证工作的意见》。国家认监委、国家林业局研究决定，共同推进森林认证试点工作，建立和实施统一的森林认证制度；开展森林认证要坚持从实际出发的原则，坚持多方参与的原则，坚持政府推动、企业自愿的原则。

2009 年年初国家认监委会商国家林业局，颁布《中国森林认证实施规则（试行）》，并于当年 4 月批准成立我国第一家森林认证机构，至 2009 年 11 月中林天合（北京）森林认证中心正式成立，2010 年启动认证审核试点，中国森林认证步入实质性推进。

2012 年 11 月中国森林认证行业标准转换为国家标准正式发布。

2014 年中国森林认证体系（CFCS）与 PEFC 实现互认。

2015 年 6 月 18 日国家认监委、国家林业局以 14 号公告，联合发布《森林认证规则》。

认证进程如图 2.1 所示。

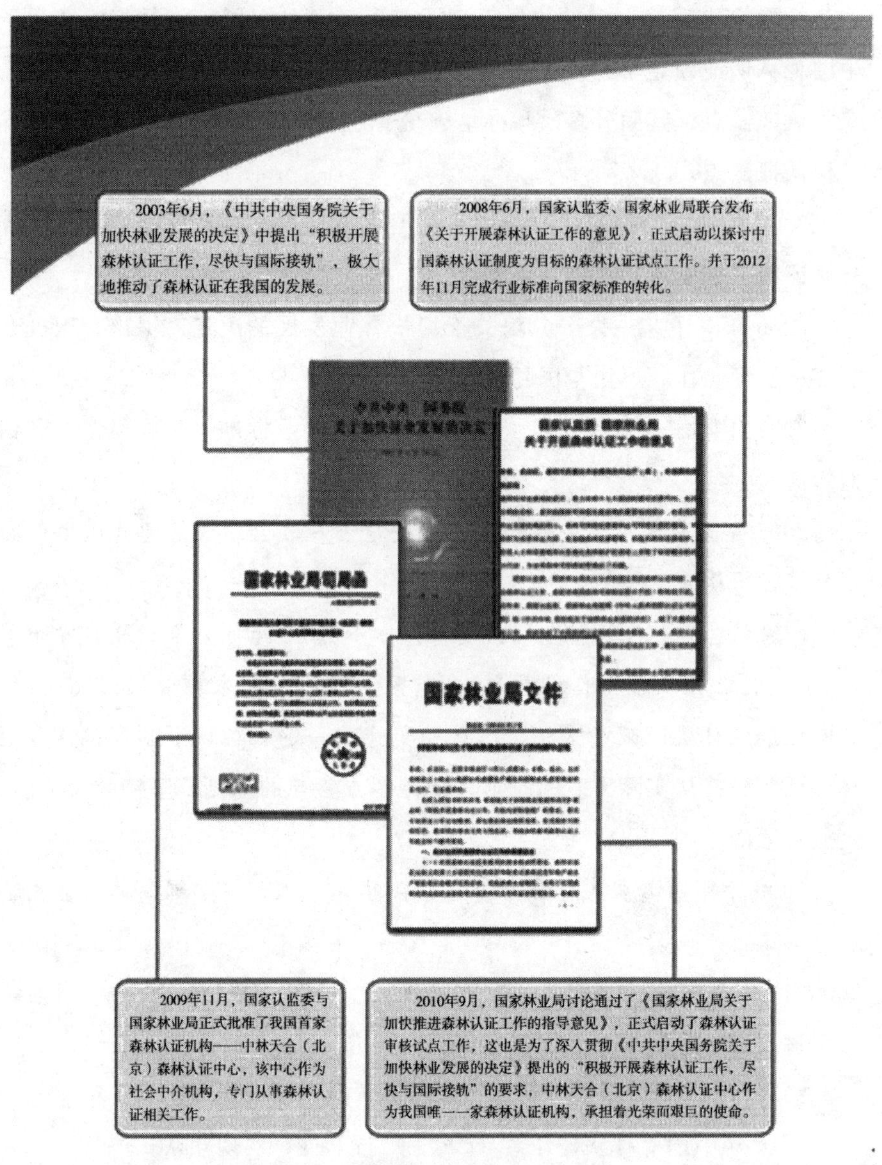

图 2.1　我国森林认证发展进程

我国国家认证认可行业监管体系主要包括：

1. 国家认证认可监督管理委员会（CNCA）

国家认证认可监督管理委员会（CNCA）是由国务院决定组建并授权履行行政管理职能，统一管理、监督和综合协调全国认证认可工作的主管机构。该委员会主要负责认证认可检验检测机构审批及管理、认证认可政策法规制定发布、认证认可市场监管、行业及部门间协调监督。

2. 中国合格评定国家认可委员会（CNAS）

中国合格评定国家认可委员会（CNAS）是由国家认监委授权的国家认可机构，统一负责对认证机构、实验室和检测机构等相关机构的能力认可工作，代表国家参与上述各项国际、区域互认活动。是国际认可论坛（IAF）的成员。

3. 中国认证认可协会（CCAA）

中国认证认可协会（CCAA）主要任务是，加强社会责任监督，规范行业行为，维护行业利益；调查研究中外行业发展及市场趋势，参与制定行业发展战略规划；倡导科技进步，促进信息化建设，组织人才教育和培训；参与制定、修订国家行业标准，并组织贯彻实施；组织国际对话，开展行业外交，促进国际合作；开展认证推广工作；完成政府主管部门交办的工作（从业人员培训、资质注册确认、公正性监督、社团标准发布）。

（三）国家认证认可法规及标准发布

（1）国家认监委、国家林业局在 2008 年颁布《关于开展森林认证工作的意见》。

（2）国家认监委颁布《中国森林认证实施规则（试行）》，该规则自 2007 年国家林业局发布中国森林认证行业标准，经试点测试及修订完善，于 2012 年 11 月经国家标准委颁布，作为国家标准于当年 12 月 1 日实施。

（3）2012 年，国家质检总局、国家标准委正式发布《中国森林认证　森林经营》（GB/T 28951－2012）和《中国森林认证　产销监管链》（GB/T 28952－2012）两个国家标准。

（4）立足于中国林情，国家林业局组织编制相关行业标准（2014 年发布），国家认监委、国家林业局 2015 年第 14 号公告发布《森林认证规则》，将以下内容纳入认证范围：非木质林产品认证标准，森林生态服务（自然保护区、森林公园）认证标准，竹林认证标准，生产经营性濒危珍稀动物养殖认证标准及相关认证导则、指南。

《森林认证规则》发布公告明确“森林认证机构应按照本规则的要求，修订有关管理及技术文件，按照认证依据开展森林认证审核活动；

现有的获证组织应结合监督审核等方式按照本规则实施转换审核等工作”。可以理解为，所有在我国开展森林认证业务的认证机构，都只能按该规则明确的森林认证范围和依据开展森林认证审核活动，即该规则公布的中国国家标准、林业行业标准作为认证审核范围，以往按其他认证标准审核的获证组织应结合监督审核等方式按照该规则实施转换审核等工作。

《森林认证规则》发布公告还明确，国家认监委 2014 年第 38 号公告《关于发布自愿性认证业务分类目录及主要审批条件的公告》中的“森林认证 PEFC”和“森林认证 FSC”调整至“森林认证”领域，与“中国森林认证 CFCC”实施统一管理。可以理解为：以往在中国依据 FSC、PEFC 及其他标准开展森林认证的认证机构，必须与“中国森林认证 CF-CC”实施统一管理。现从事“森林认证 PEFC”和“森林认证 FSC”的认证机构，按照该规则规定的条件和要求，于 2015 年年底前取得森林认证领域的批准资质；逾期未取得的须停止开展相关认证工作。同时，遵照自愿原则对获证组织做出合理安排。依据公告宣示，可以理解为，从公告发布至 2015 年年底半年过渡期内，原依据 FSC、PEFC 标准审核的获证企业，必须转换为该规则规定的认证范围，即以 CFCC 标准为依据的认证审核。在此期间获得森林认证领域认证资质的认证机构（无论国外或本土），都应依据该规则明确的认证范围及认证依据开展认证活动。

（四）与 PEFC 体系的互认进程

2007 年 4 月，PEFC 在北京建立了 PEFC 中国办事处。

2010 年 11 月，中国森林认证管理委员会（CFCC）在召开的 PEFC 会员大会上提交了申请成为 PEFC 国家会员的意向。

2011 年 8 月，中国加入 PEFC，成为 PEFC 国家会员，为实现与 PEFC 的最终互认迈出了坚实的一步。

2012 年 12 月，中国森林认证体系（CFCS）与 PEFC 达成互认开放公众咨询。

2014 年 3 月，中国森林认证体系（CFCS）与 PEFC 完成互认（互认证书如图 2.2 所示）。

2014 年 7 月，中林天合（北京）森林认证中心获 PEFC 授权。

CERTIFICATE OF ENDORSEMENT

PEFC

This is to certify that the
CHINESE FOREST CERTIFICATION SCHEME
submitted by the PEFC Council member
CHINESE FOREST CERTIFICATION COUNCIL
was endorsed by the PEFC Council as meeting the PEFC Council requirements. The compliance has been verified through an independent consultant assessment including public consultation and was approved by the PEFC General Assembly members on 5th February 2014.

This endorsement is subject to ongoing PEFC membership and is valid for the version of the scheme as approved on 5th February 2014 until 5th February 2019 as the PEFC Council requires a periodic revision of schemes. Any revision of the scheme has to be submitted to the PEFC Council for endorsement.

William Street, Chairman

Ben Gunneberg, Secretary General

图 2.2　互认证书

（五）中林天合（北京）森林认证中心

1. 机构建设

国家林业局党组 2007 年决定委托中国林业产业联合会牵头筹建国内首家森林认证机构，经国家认监委批准 2009 年 11 月正式注册成立中林天合（北京）森林认证中心（以下简称“中林天合”）。成立当年经中国认证认可协会确认首批审核员资质。2011 年当选为中国认证认可协会理事单位。

2012 年经中国合格评定国家认可委员会评审获机构认可证书。

2. 组织框架

中林天合的组织框架如图 2.3 所示。

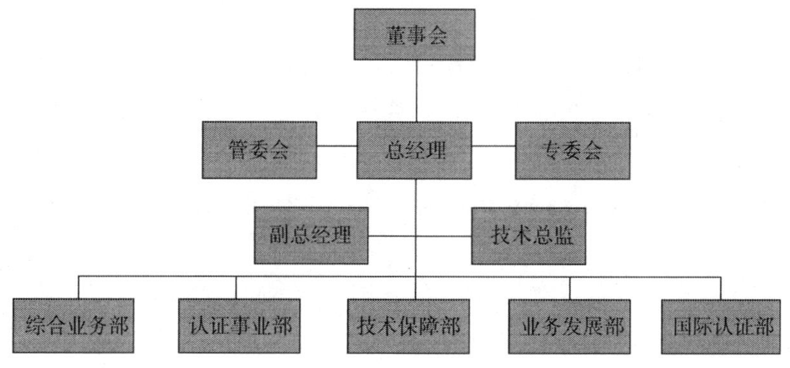

图 2.3　组织框架

3. 质量管理体系

中林天合建立了一套完整的规范化运行体系，包括管理制度、认证、技术规范、质量手册、程序性文件、作业指导书和其他规章制度，组织编制了《森林认证指南》《审核员培训教材》及审核记录、技能评价支持性文件、技术资料，形成了符合我国国情林情、独具特色的森林认证实施模式和认证机构经营运行机制。

4. 受理业务范围

中林天合受理业务范围包括森林经营认证（FM），产销监管链认证（CoC），非木质林产品（林下经济作物），竹林、森林生态服务（森林公园、自然保护区），经营性濒危珍稀野生动物养殖，PEFC 互认双体系认证和 FSC 体系 FM、CoC 项目。

5. 森林认证流程

中林天合的森林认证流程如图 2.4 所示。

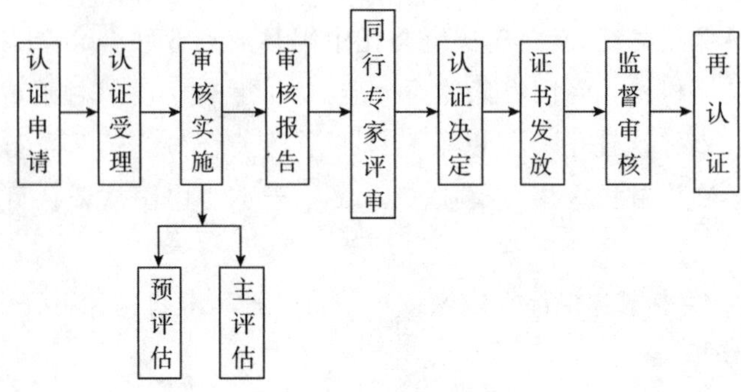

图 2.4　森林认证流程

注：FM 做预评估、CoC 视具体情况决定是否做预评估。

6. 审核人员培训及技术储备

历年来中林天合先后举办了多期森林认证审核员培训班，培训专业技术人员。中心选聘并申报中国认证认可协会（CCAA）确认资质的专职、兼职审核员，配合国家林业局培训审核专业人员。且培训人员都通过了中国认证认可协会（CCAA）组织的专门考核。

自 2010 年 7 月启动中国森林认证试点，承担森林经营（FM）、产销监管链（CoC）认证试点，中林天合完成了标准测试及审核程序验证，编制了审核作业指导书。至 2016 年已完成认证审核项目并颁发认证证书 90 份（含 CFCC 体系 41 份，其中包括 FM 23 份、CoC 16 份、FM＋CoC 2

份；FSC 体系 49 份，其中包括 FM 4 份、CoC 45 份），认证林地面积 609 万余公顷。

中林天合受委托完成汪清、新青林业局森林经营、产销监管链认证；迎春、柴河林业局非木质林产品认证试点，对标准申报稿进行了审核实践测试，为进一步修订完善提供科学依据。上述试点/企业的非木质林产品首次加贴了 CFCC 标志，且国家林业局分别在汪清、柴河召开了现场会。

2014 年 5 月，中林天合获国家认监委批准备案，与美国科学认证体系全球服务有限公司（SCS）合作，设立国际认证业务部，开展 FSC 体系认证业务。

CFCC 与 PEFC 体系互认后，中林天合作为国内唯一获 CNAS 认可的机构已获 PEFC 授权。

7. 发展思路

面对森林认证推进的实际格局，“打造品牌，做大做强”是中林天合的核心理念。自 2009 年年底成立至今，作为我国森林认证第一家机构，中林天合承担和完成了诸多先行示范性任务，也积累了相当的认证业绩和审核经验，在行业内具有一定影响。随着中国森林认证日益为业内外所接受和认识，中林天合作为 CFCC 体系的象征品牌效应尤为凸显，在中国森林认证市场逐渐成熟的过程中，中林天合务必抢占先机，以实力、业绩、水平打造品牌，真正成为中国森林认证的航母。

（1）实力。

中林天合经过几年历练，整体素质逐渐提高，质量管理体系运作也日益顺畅，已组建了较强的认证审核员团队。面对国际化进程加快的局面，积极扩充骨干审核员（领组或独立审核），尤其是具备国际化能力的审核力量，以适应扩大国际认证业务需求；针对兼职审核员素质参差不齐，实际参与机构审核实践、培训提高或市场拓展活动不足的现状，面对国家日益规范的监管制度，兼职审核员队伍对中林天合既是一笔财富也是一种责任，因此务必妥善整合力量，充分发挥兼职审核员身处森林经营和林产品生产一线的优势，尽可能多渠道拓展认证市场，承揽更多认证项目，努力积累认证业绩的同时，为兼职审核员创造更多参与认证审核实践的机会。

（2）业绩。

作为国内首家全资质森林认证机构，中林天合秉承着充分发挥独立第三方的独特优势，以多种形式全方位服务于国家林业建设各领域的宗旨，认证业绩积累尤其要独占鳌头，这也是打造优势品牌的重要内涵。要充分利用非木质林产品、森林生态服务、人工林、竹林等行业认证标准的颁布，不失时机地从高端寻找结合点以承揽更多认证业务，奠定和扩大新认证业务的市场份额；在 CFCC 与国际主流森林认证体系互认及国家监管部门对国内森林认证市场规范监管过程中，不等不靠，从机构的角度主动寻求与 PEFC、FSC 体系多种形式的互利合作，自我强化审核队伍能力，妥善谋划与不同体系双重认证的结合形式，以有效扩大机构影响、市场占有份额及认证业绩。

（3）水平。

中林天合独立运行至今也是 CFCC 体系形成的重要时期，中林天合参与了中国森林认证发展和重要政策制度标准形成的全过程。中林天合集聚和联系了一批熟悉中国认证认可政策、规程和森林认证规则、标准的专家，承担了推进中国森林认证实际操作的各类试点任务及规则、标准测试评估任务，通过实践培养锻炼了国内第一代森林认证审核专门人才。通过机构运行和认证实践，摸索了一套符合国情林情的管理运行机制和审核作业指导性文件。这些都是中林天合独有的财富，在未来推动中国森林认证全面发展，完善中国森林认证体系建设及规范中国森林认证市场监管过程中，中林天合的作用无可替代。正因为如此，增强历史责任感对中林天合至关重要，必须清醒认识自身不足，主动在加强自身建设上练真功出实效，始终在管理水平、业务水平、市场运作水平上略胜一筹，充分发挥优势，确保自身发展的可持续性。

三、森林认证审核员能力要求及资质管理

中林天合是我国唯一的森林认证的机构，下面以中林天合认证审核员能力要求及资质管理为例进行论述。

（一）森林认证审核员能力要求

1. 中林天合审核员管理

中林天合的审核员类型包括专职审核员和兼职审核员。

专职审核员：满足监管部门对认证机构专职审核人员的基本要求和认证业务的实际需要聘用的专职认证审核人员。

兼职审核员：为了满足认证市场开发和认证审核业务的潜在需求，在全国范围内聘用林业相关专家，兼职提供技术服务的审核员，需签订三方合同（含人事关系所在单位），并履行申报确认资质。

中林天合建立了审核员选择、培训、评价、聘用和管理的制度及程序文件。通过签订中林天合（北京）森林认证中心兼职人员技术服务合同，确认兼职人员的资质。

2. 森林认证审核员能力要求

审核人员的能力要求包括教育经历要求，培训经历要求，工作经历要求，专业工作经历要求，认证、授课或咨询实践经验要求，个人素质要求，聘用的要求，评价人能力的要求及人员管理的有关规定。

（1）教育经历。

审核员应当具备林业及相关专业的学历及工作经历，且应取得森林认证审核员注册资格。

林业或林业相关专业包括：相关专业或学科，包括林学、林木遗传育种、森林植物、森林经理、森林培育、森林保护、生态学、森林防火、森林资源保护与游憩、野生动物与自然保护区管理、野生动物可持续利用、动物遗传育种与繁殖、野生动植物保护与利益、自然保护区学、动物学、园林规划与设计生态学、水土保持、林业经济管理、社会学、森林工程、林业机械、木材科学与技术、林产化学加工等。

（2）专业工作经历。

申请人应具有至少 5 年与森林经营和产销监管链有关的专业工作经历。专业工作经历包括：与林业勘察设计、林业工程技术、森林经营管理与监测、林业生产与实践、林产品加工、林产品贸易及其他与林业行业有关的管理、生产、科研、教学等工作。

（3）审核员继续教育。

审核员每年应接受相关机构开展的持续教育培训，并在相关网站上公布，以保证其在森林认证领域的能力持续满足森林认证审核的需要。

(4) 个人素质。

审核员应当具备以下素质：

①执业道德：公正、可靠、忠诚、诚实和谨慎。

②思想开明：愿意考虑不同意见或观点。

③善于交往：灵活地与人交往。

④善于观察：主动地认识周围环境和活动。

⑤有感知力：能本能地了解和理解环境。

⑥适应力强：适应不同情况。

⑦坚韧不拔：对实现目的坚持不懈。

⑧明断：根据逻辑推理和分析及时得出结论。

⑨自立：在同其他人交往中独立工作并发挥作用。

(5) 审核员能力要求：

①遵纪守法、敬业诚信、客观公正。

②努力提高审核技能和信誉。

③帮助本机构人员提高专业和审核技能。

④不承担本人不具备能力的审核。

⑤不介入冲突或利益竞争，不向聘用机构隐瞒任何可能影响公正判断的关系。

⑥除非聘用机构和受审核方书面授权或有法律要求外，不讨论或透露任何有关审核的信息。

⑦不接受受审核方及其工作人员或任何相关方的回扣、礼品及其他任何形式的好处，也不应在知情时允许同事接受。

⑧不传播任何错误的或易产生误解的信息，以防影响审核或审核员确认过程的信誉。

⑨在任何情况下，针对违背确认方案的行为而进行的调查给予充分的合作。

⑩不对受审核方既进行咨询又进行认证审核。

3. 确认程序

申请人应经过 CCAA 组织的考试并取得合格证明；确认申请人应与

申请机构（且仅与此一个机构）建立认证人员聘用关系；由聘用申请人的认证机构向 CCAA 提交相关材料申报；CCAA 确认申请人提交文件；CCAA 对申请人的资料进行评价，提出确认意见，做出确认决定，批准确认决定并签发确认文件。

4. 确认结果

CCAA 向申报机构发送审核员资质确认文件，官网公示；确认资格自批准之日起生效，有效期 3 年。

5. 确认资质失效的情况

出现以下情况时，有效期自动终止，确认资质即行失效：确认人员与申报机构解除聘用关系；确认人员违犯法律法规、认证规范文件和审核员行为准则，经 CCAA 查实的；CCAA 建立覆盖确认业务范围的审核员注册制度满 3 个月后。

（二）森林认证内部审核相关概念及内审员能力要求

1. 内部审核的基本概念

申请开展 CFCC 认证的企业，应具备独立法人资格及相应的法律文件；建立完备的经营管理机构和相应的管理体系并确保有效运行；依据拟申请的认证类型相对应的审核标准（国家或行业）的要求，完善体系文件及相关规章制度资料；设置专门的体系或产品认证管理部门（或专员），代表管理者协调内部体系运行，实施内部审核及配合第三方认证机构开展认证审核。企业内审员，通常由既掌握认证标准又熟悉本企业管理状况的人员担任。

企业进行体系或产品认证，一般应先组织内审员依据申请认证类型相应标准，对自己的企业进行内部审核，以确定体系运行是否有效，对审核中发现的不合格项及薄弱环节进行必要的整改完善；再由认证机构派出的审核组对企业进行审核评估，从而获得认证资格。这个自我审核的过程就叫内审。

内审是适用于企业（单位）的内部审核，由熟悉企业运转流程及管理职责权限的内审员实施，是通过评估管理体系有效运行，对企业可持续经营自我完善、自我管理的一项基本手段，承担的是内部管理评审、查漏、监督，以及提出整改方案的职责。

凡是通过认证的组织，每年都应进行最少一次内部审核。内部审核由经过培训有资格的内审员执行。为维护获证企业管理体系持续正常运行，凡是推行国家认证标准体系的组织，通常都需要培养一批内审员。内审员可以由企业可持续经营体系专员担任，也可由相关人员兼职担任。

2. 内审员职责

（1）企业体系专员职责。负责维护企业管理体系，确保公司管理体系的有效运作；根据企业经营过程编制年度管理体系内审计划并组织实施；协助第三方认证机构审核员进行现场审核评价；针对审核中发现的不符合项组织整改，并对整改效果进行验证。

（2）部门体系内审员职责。负责对本部门体系运行情况进行监督，协助企业体系专员按计划实施体系内审，编制管理体系审核检查表并记录审核结果报给体系专员。

（3）制造过程审核内审员职责。负责编制制造过程审核计划及制造过程审核检查表，按计划实施制造过程审核，并对审核中发现的不符合项的整改效果进行验证。

3. 内审员基本要求

应从内审员具有的个人素质，最低学历，培训、工作和审核经历等方面综合考虑。

（1）个人素质。

合格的内审员应思路开阔、成熟，具有很强的判断和分析能力，能够客观地观察情况，全面地掌握管理体系运行情况及各部门在整个体系中的作用，并及时沟通协调上下左右，形成可持续经营合力。

（2）最低学历。

考虑到内审员尤其是承担体系专员职责的内审员在企业管理体系运行中的重要作用，一般要求为本专业大专以上学历。

（3）资格要求。

应熟悉本企业的经营活动、管理体系及管理过程，了解所审核项目的标准规则。建议承担体系专员的内审员具备本企业经营管理工作岗位阅历，全体内审员都有计划安排专门培训，并获内审员资格。

（4）审核能力。

合格的内审员至少应具备两方面的能力，即具体的工作能力及某些基本能力。

①具体工作能力。履行内审员职责须具备的基本工作能力包括：从事审核准备工作的能力，从事现场审核的能力，编写审核报告的能力和从事跟踪与监督的能力。

②基本能力。内审员为了从事审核工作还应具备的基本能力中主要包括：交流的能力，合作的能力，明断和决策的能力，独立工作的能力，应变的能力，善于学习的能力。

四、广泛合作与市场开拓

（一）森林认证在中国的市场现状

企业需求是市场的基础，市场认可是企业需求的动力。促成培育CFCC认证成果的市场采信环境，是撬动中国森林认证市场的节点。

中国森林认证在加快国际互认、扩大国际市场认知认可的同时，必须加大国内市场宣介力度，提高森林认证产品国内消费者认知度和市场价值，逐步建立国内市场对CFCC认证结果的采信环境，有效提升国内消费市场对森林认证产品的需求，毕竟我国大量的林产品，尤其是非木质林产品，销售市场在国内而非出口。作为政府推动的认证新领域，还应促成在采购政策上向森林认证产品倾斜和扶持，以调动广大经营加工企业的认证动力，使国内森林认证市场日臻成熟。

（二）中国森林认证市场存在的主要障碍

森林认证作为促进森林可持续经营的一种市场机制，于20世纪90年代初在国外逐渐兴起。随着其市场化运作，森林认证逐渐成为国际市场中一项木材合法性验证和林产品市场准入限制，形成了实际上的林产品国际市场的绿色贸易壁垒。

中国森林认证体系作为中国独立的并与世界主要森林认证体系互认的标准体系，在全球范围内推动和强化中国森林认证体系（CFCS）的作用和地位意义重大，不仅有利于提升中国林产品的国际话语权、突破国际绿色贸易壁垒、推动我国林产品国际化，更有利于推动中国森林环境保护、加快林业产业化转型升级、促进国家林业改革。

自2009年国家林业局与国家认监委筹备建设我国首家森林认证机构——中林天合（北京）森林认证中心以来，在推动中国森林认证体系国际互认、推进森林可持续经营与森林资源保护、林业产业可持续发展等方面成效显著，但总体进展缓慢，遇到了诸多问题。

目前，中国森林认证市场存在的主要障碍有以下几方面。

1. 中国森林认证体系市场占比过低

FSC和PEFC分别于2001年和2007年通过国外认证机构先后进入中国，由于其满足了国内企业产品进入国际市场准入的迫切需求，尽管未经国家认证监管部门许可，还是在无监管的状态下迅速占领了国内森林认证市场。目前中国森林认证市场三体系并存（FSC、PEFC与CFCC），实际是FSC一家独大，占据CoC中国总证书量的93.9%，CFCC的CoC总证书量29张，占中国CoC总证书量的0.57%，中国森林认证体系被彻底边缘化（截至2016年12月，FSC在华发放证书4 811张，PEFC 283张，CFCC 29张）。

2. 森林认证市场有待进一步规范

长期以来外资机构在华从事森林认证业务（FSC与PEFC体系）并不受中国认证管理机构与国家林业局监管（FSC业务在华由FSC总部直接授权，在华从事FSC认证业务不受国家认监委监管），导致森林认证市场鱼龙混杂，假证空证、恶性竞价、变相收费卖证、咨询认证不分、代编体系文件、简化认证过程等不规范现象十分普遍，严重扰乱了认证市场秩序，破坏了中国森林认证市场的权威性和公信力。

3. 行业监管不到位

在监管层面，国家林业局科技发展中心与国家认监委缺乏有效沟通，整体推进乏力，双方各行其是，形成了监管层面的“两张皮”“不合拍”现象。

2015年国家认监委与国家林业局共同发布的《森林认证规则》中，提到FSC与PEFC统一管理、外资机构认可等问题，但对真正涉及国家国土资源安全、中国森林认证管理委员会法律地位、森林认证标识、CFCC与PEFC体系互认、新机构准入等核心问题并未清晰阐明，有诸多模糊争议之处。FSC、PEFC体系及境外机构已借此机会在中国合法化其森林认证业务，彻底避开国家林业局和国家认监委的行业监管。事实上，根据国家认监委和国家林业局在中国森林认证管理委员会的分工，国家林业局负责行业监管，国家认监委负责机构认可、注册审核员管理等常规工作。中国森林认证管理委员会对于境内机构的管理事实上仅限本土林业系统的森林认证机构，对于境外的森林认证机构缺乏行业监督管理。

截至2016年12月31日，已有两家外资认证机构SGS、BV通过国家认监委森林认证领域能力认可，具备在华开展中国森林认证合格的资质。同时，通过国家认监委批准成立的森林认证机构已达20家，其中通过CNAS森林认证领域专项能力认可的机构已有5家（含2家外资机构）。

在2015年《森林认证规则》颁布之后，中国森林认证市场大局已定，不会出现更大的市场调整和变化，除非中国政府出台对本土森林认证体系进行强有力监管的规则，否则中国本土森林认证体系（CFCS）的弱势地位将很难改变。

4. 中国森林认证体系市场认可度不足

FSC之所以在全球有广泛的影响力，其很大部分原因在于FSC发起的单位世界自然基金会组建了全球森林与贸易网络（Globe Forest 及 Trade Network，GFTN）。GFTN成员共同承诺将采购经过FSC认证的林产品，不采购来自非法途径或者未经可持续森林经营认证的林产品，从而从市场端倒逼生产端的FSC体系认证。GFTN全球网络涵盖欧洲、亚洲、非洲与美洲等34个木材供应国和消费国，有350家企业加盟，包括宜家、百安居、家乐福、欧倍德等。成员企业间每年林产品贸易额达到450亿美元，经营着2730万公顷林地（GFTN，2012）。

相较于FSC体系的GFTN，中国目前没有形成对森林认证产品采信的消费市场，多年来在推动政府采信中国森林认证结果、采购中国森林认证体系的产品方面没有太多实质性进展，没有体现国家采购政策对中国森林认证体系在森林可持续经营、生态保护方面应有的引导作用。

（三）开拓中国森林认证市场的初步思路

1. 理顺监管职责，加强部委联动

由国家认监委牵头的“认证认可部际联席会议”是国务院有关部委

间认证认可业务沟通协调机制，各部委均由能代表、协调整个行业的核心司局对接，联络负责人则由主要职能部门负责人担任。国家林业局由事业单位科技发展中心的分管副主任出席，与国务院其他部际联席会议地位明显不对等，在实际推进工作中协调乏力，此为滞碍中国森林认证体系发展的顶层设计方面的一个明显问题，亟待改善。

按照森林认证国际惯例，森林认证管委会应由独立公正的非政府民间社团机构担任，现“中国森林认证管理委员会”既非政府职能部门也非合法监管机构，不符合国际惯例。为遵循国际惯例与国际社会对接，充分体现中国体系话语权并参与国际认证认可活动，同时考虑到中国国情，我们建议，把“中国森林认证管理委员会”转移至中国林业产业联合会，由产业联合会全权行使管理委员会的职责；政府行业监管职能转移至主管我国森林可持续经营的国家林业局资源司，由资源司负责与国家认监委进行对接，并对内进行协调指导。

2. 完善规则体系，加强监管，清理乱象

国家林业局内部管理体制调整到位后，在与国家认监委协商基础上，应尽快完善《森林认证规则》，就森林认证实施中有关认证标志证书及其使用管理、认证市场准入、认证程序监管及境外森林认证体系在华认证活动的具体监管等做出明确规定，以确保森林认证市场规范运行；并积极与国家认监委充分沟通，进一步清理市场，尤其对假证、空证、卖证、违法认证等严重问题进行整顿；对已经批准从业的内外资森林认证机构进行统一的监管，加强信息披露和社会监督，鼓励创新和行业良性竞争，营造良好的行业从业氛围和市场空间，为中国林业产业可持续发展真正发挥技术支持和增值增信作用。

中国林业产业联合会积极履行认证体系建设责任，结合森林认证实践继续完善规则、标准，参与国际间森林认证及认可论坛，促进中国森林认证体系与国外主流体系的互动，强化中国森林认证体系的国际话语权。

3. 加强政府引导，营造采信环境

积极探讨把中国森林认证体系与中国民生林业、生态林业的国家战略结合，真正发挥中国森林认证体系在技术支撑、体系运营、认证认可方面的关键作用，在中国森林可持续经营、国有林场改革、中国林业产业升级转型、国家战略储备林建设、中国林产品品牌化国际化、林业生态产品供应等方面发挥应有的作用。

国家林业局应当会商国家认监委、财政部、发改委等部委，积极出台鼓励市场采信中国森林认证体系认证产品的政策，把认证产品纳入政府绿色采购目录清单，营造有利的市场消费环境。

第三章　森林认证现状

本章主要介绍了国内外对于森林认证这一概念的研究现状，以及中国森林认证调研的相关内容。其中，中国森林认证现状调研是通过问卷调查的方式，在四川、河南、福建和内蒙古四个省区展开。通过回收问卷并对问卷结果进行定性和定量的研究，得到不同地区对于森林认证支付意愿的不同影响因素，进而有针对性地提出提高群众对于森林认证认可的建议。

一、国内外研究现状

自森林认证这一概念产生以来，国内外学者进行了大量的研究。

（一）森林认证的概念

森林认证本身涵盖范围广，程序复杂，标准繁多，学者们根据各自认识从不同角度对森林认证概念进行定义。于玲等（2004）以森林认证的属性为基础，将森林认证定义为“独立的第三方按照一定的绩效标准和规定的程序，对某一森林经营单位（或区域）的森林（或林产品加工企业）进行总体评价，以验证该经营单位（或区域）的森林经营或林产品加工企业的经营管理是否符合可持续发展原则的要求，并提出改进意见和颁发证书的过程”。刘思慧、罗明灿等（2003）则从森林经营认证和森林产品认证出发，认为森林经营认证主要证明生产木材的森林是否可持续经营，而森林产品认证则是通过对产品生产的全过程进行跟踪，以证明林产品的木材来源的森林是否可持续经营和所有加工环节是否对环境无害。由此可见，森林认证是以促进森林可持续经营为目的，分别对森林经营和林产品加工环节进行监测和认定的市场机制。

中国森林认证体系（CFCS）不仅包括森林经营认证（FM）、产销监管链认证（CoC）的传统森林认证领域，还根据中国国情开创性地扩展了森林认证的范围。如今我国森林认证开展了如下业务：非木质林产品（林下经济作物）认证，竹林经营认证，碳汇林认证（碳中和认证），人工林经营认证，森林生态环境服务认证，自然保护区管理认证，生产经营性珍贵稀有濒危物种认证等业务。

开展森林认证不但是拓展我国林产品市场的主要途径，也是加快我国林业国际化进程的不二选择。森林认证带来的益处可总结如下。

1. 获得市场准入，突破国际绿色贸易壁垒，畅行全球市场

经过认证的森林供应的原木量高达 5.01 亿立方米，约占全球原木供应总量的 28.3%。截至 2013 年，有 61 个国家对加快公共森林进行了认证（联合国欧洲经济委员会和粮农组织，2013）。全球有超过 20 个国家（以发达国家为主）继续致力于推进和强化绿色采购体系及绿色建筑认证体系，全球木材贸易合法性验证逐步实施，包括美国 2008 年出台的《雷斯法案修正案》、2013 年《欧盟木材法规》（EUTR）等。这些法案均要求国际木材贸易商提供其木材来源合法性证明，而采信其合法性证明的前提即是通过森林认证。

在全球，包括中国在内，越来越多的浆纸、印刷、包装等领域厂商，通过森林认证已经成为主流选择。中国造纸十强企业中，也有七家获得了森林认证。宜家和百安居都制定了优先采购森林认证产品的政策方针。十大消费品牌如迪士尼、欧莱雅、联合利华、雀巢、LEGO、H&M、诺基亚、惠普、麦当劳、宝洁、强生，零售企业如沃尔玛、家乐福、麦德龙、玛莎百货等都做出了这样的承诺，优先采购森林认证的产品。

由于中国森林认证体系（CFCS）已与森林认证体系认可计划（PEFC）实现互认，那些经过中国森林认证体系认证的企业或产品，便可加贴 CFCC 与 PEFC 两个标识，畅行国际市场，有效地打破了国际木材贸易绿色贸易壁垒，实现了畅通的国际贸易。

2. 获得可观产品溢价和市场增长

森林认证传递信任，引导绿色消费。在欧美市场，经过森林认证贴标的木制品一般比同类产品溢价 20%～30%，是消费者优先购买的绿色产品。以我国吉林省汪清林业局为例，自实施森林认证以来，汪清林业

局比以往更加重视当地社区和劳动者的权利，在雇用当地农民工开展森林经营作业前，都进行统一安全培训，设立了困难职工帮扶机制，允许当地居民进山采集林下产品，成立了社管委并加强了相关管理；通过与当地社区的沟通，显著提高了企业形象和社会责任感。在认证木材销售方面，据不完全统计，认证的柞木同比溢价14%。

3. 培育品牌市场认知度，塑造产品美誉度

森林是人类的摇篮，是民生的重要基础，对促进经济社会绿色发展、循环发展和低碳发展具有重要而独特的作用。但在工业化的进程下，农田的土壤、水、空气等已遭受了不同程度的污染，有一些区域甚至出现了不可逆转的农业功能丧失。

能够持续不断提供生态产品的资源非林业莫属。在森林、湿地、荒漠等环境下，林业孕育了丰富的生态产品，是当之无愧的生态产品生产和供给主阵地。林产品本身具有绿色、安全、健康、无污染、可持续等特性，正日益受到消费者的欢迎。通过森林认证的林下产品（非木质产品）一经推向市场，就出现供不应求的情况，大受欢迎。

我国黑龙江迎春黑蜂产品率先开展了森林认证，享受到森林认证的诸多便利。黑蜂产品2014年取得中国森林认证——非木质林产品认证，因其来自无污染的大兴安岭森林，是典型的生态产品。其产品通过了全球领先检验检测机构SGS的200多项检测和国内蜂产品权威检验机构秦皇岛出入境检验检疫局的154项检测，获得了中国绿色食品协会认定颁发的A级绿色食品认证及中国蜂产品协会颁发的优质溯源蜂产品标识。张贴森林认证产品标签的黑蜂产品一推向市场，迅速受到了消费者的青睐，广受媒体关注，畅销内地高端超市及香港等地，售价从起初的每500克需要100元人民币提高到了1 000多港元，并有效带动当地林下养蜂事业的蓬勃发展。黑蜂产业已成为迎春林区龙头企业，迎春黑蜂已成为名扬中外的金色名片、迎春名片，迎春已成为名副其实的“中国蜂都”。

4. 林业产业政策扶持，享受便捷增值服务

2010年《国家林业局关于加快推进森林认证工作的指导意见》第二十二条“加强政策支持”中明确提出：制定有利于森林可持续经营和森林认证的政策措施，加强与有关部门的沟通协调，将森林认证产品尽快纳入政府采购目录并逐步提高采购比例。对通过森林认证的森林经营单位和林产品生产销售企业，在技术指导、信息服务、项目安排、资源利用、银行贷款、市场开拓等方面给予支持。

通过中国森林认证体系认证的林下企业意味着企业满足了森林可持续发展等五个方面 180 多项指标的要求，是良好经营的典范，是实践国家生态文明战略的具体展现。通过森林认证的贴标产品和生产经营单位，在政府产业扶持、评优评先等多方面享有优先权，例如：

（1）国家级评优评先。

获得森林认证的森林经营单位可优先参与国家级林业龙头企业、中国林业突出贡献奖、中国林业产业创新奖、全国农民林业专业示范合作社、全国林业诚信联盟单位、全国林业推荐产品、国家林业产业特色区域产品、中国驰名商标等多达十余项国家级评优评先活动，获得更好的品牌宣传和产品市场推广计划。

（2）国家产业政策优先扶持。

为提高项目实施单位机构能力建设、促进森林可持续经营和中国林业建设与国际接轨，“国家林业局欧洲投资银行林业专项贷款项目”正式引入了中国森林认证机制，把森林认证的理念和标准贯穿于项目实施的各个环节。

在林业贷款项目中引入森林认证机制也是世界金融体系通行的做法，在全球知名金融机构如摩根士丹利、汇丰银行、渣打银行等金融机构对林业贷款项目中就要求贷款申请方获得森林认证，否则不予支持。

（二）森林认证对环境影响的研究

张晓燕等（2007）通过对浙江省森林认证的案例分析，说明了森林认证后的环境效益、社会效益和经济效益，并提出推进进程的若干对策。蒋敏元等（2015）指出森林认证对政府主管部门、森林经营单位、林产品加工企业、林产品消费者及林区职工和居民的影响各不相同，而且各影响主体在认证过程中的态度和表现也会影响森林认证工作的开展。Augusta Molnar（2010）研究了森林认证和林区的关系，认为森林认证与正在不断发展中的林区关系很密切，对林区的员工、股东和周边居民都会带来正面的影响，但是由于森林认证较高的成本使森林认证很难有效展开，这在小的林区中表现尤其明显。同时森林认证的产品价格溢价也不是很明显，虽然它的前景和未来是很看好的。目前森林认证也主要是在发达国家展开，在一些贫穷国家如热带和亚热带地区地国家几乎不开展。另外，在进行可持续发展方面，他们提出森林认证对林区企业建立一个统一商业标准和林区价值观也是积极有效的。

（三）森林认证影响因素的分析

徐斌、陆文明等（2014）认为影响中国森林认证的主要因素有经济发展水平、林产品市场、信用水平、相关法律环境、政府行为能力、森林经营单位自身水平、消费者认识水平和经济能力等。谢志忠和黄晓玲等（2012）利用线性动态模型分析了森林认证动力因素，认为社会周围其他林业企业实施森林认证的状况及政府对森林认证的支持力度、林产品市场体系规范化、制度化等均对森林认证产生影响。黄晓玲等（2013）利用实地调查的一手数据与其他二手数据，采用问卷调查法、主成分分析法、多元回归分析法，对影响林业企业开展森林认证的成因进行了分析，得出林业企业开展森林认证的影响因素：企业的基本情况、对森林认证的了解程度和对森林认证的重视度。多元回归分析结果表明，提高企业和社会对森林认证的认识度和了解程度并辅以政府支持，企业更有可能认可森林认证。田明华和刘燕等（2006）在对国外森林认证利益相关主体的动因分析基础上，分析了国外主要森林认证体系的发展动力，总结了国外森林认证发展的5种动力模式，得出不同动力因素下不同森林认证体系有不同的发展，中国森林认证的发展必须吸收广大的森林经营单位和国内非政府组织参加，积极培育具有环境保护意识和经济能力的消费者。Hadley Archer等（2008）研究认为森林认证通过市场机制提供经济利益，作为学习机制进行知识转换，作为保障机制进行信息传递，从经验数据分析来看，市场机制和学习机制发挥的作用不大，而保障机制在实践中却发挥出十分重要的具体作用。

（四）认证支付意愿

支付意愿是指消费者接受一定数量的消费物品或劳务所愿意支付的金额，是消费者对特定物品或劳务的个人估价，有强烈的主观评价成分。支付意愿是衡量无形经济负担的一种方法，可以对无形损失进行量化，是人们愿意支付的用以降低毁坏的可能性的费用。支付意愿是消费者对所接受的货物和劳务的估价或愿付出的代价。也有学者在研究中对支付意愿进行了定义，比如于文金等（2011）认为支付意愿是指消费者对一定数量的某种商品所愿意付出的最高价格或成本，消费者剩余就是消费者愿意为某一商品支付的货币量与消费者在购买该商品时实际支付的货币量之间的差额。

从目前有关森林认证的文献和教材来看，基本概念讨论、标准介绍和FSC体系介绍居多，深入细致研究森林认证支付意愿的文献较少。可以认为，理论界对于森林认证市场的研究是有局限性的，多以个体消费者为研究调查对象，面向整体林业行业利益相关者的全面系统的研究成果和文献较少，特别是对于事业、企业、机构这类森林认证的相关利益者。另外，进入21世纪以来，中国开展的森林认证工作取得了实质性的进展。从近几年森林认证的实践来看，由于大量的文本主要以标准和审核材料的形式出现，能为人们普遍接受的材料较少，社会、经济组织和个人对于森林认证的认识有很大的差异。

在本土森林认证行业不断专业化、市场化、国际化的今天，中国本土森林认证机构正在崛起，各森林认证机构在国家认监委、中国合格评定国家认可委员会、国家林业局及相关业务部门的大力支持帮助下，在促进政府职能转移、提高认证机构市场监督作用的背景下，充分发挥独立第三方的作用，在业务拓展、技术培训、对外宣传和开展国际国内业务合作等方面取得了积极性的工作成效。

近年来，国家林业局陆续发布了一系列森林可持续经营相关的政策、指南和规程，尝试建立森林自主经营与保护和恢复森林生态功能相结合的政策体系。生态资源保护制度、市场配置制度、产权制度、补偿制度、财税金融扶持制度，将均以采用第三方的评估报告为依据。基于森林认证报告所依据的国际或国家通用标准，其出具的认证报告所具有的公信力，已被越来越多的金融和投资机构所认可。国际金融公司（IFC）明确要求其林业合作伙伴必须获得FSC或等同的认证，汇丰银行和渣打银行等国际金融机构同样要求或鼓励其林业合作伙伴获得FSC或等同的认证。在我国六个省区实施的欧洲投资银行2.5亿欧元的林业贷款项目，首次把中国森林认证作为项目实施要求的必要条件，由此也开创了森林认证参与金融机构林业贷款项目的先河。不仅如此，森林认证机构提供的林业项目符合性评价报告和认证报告，也逐步成为行业管理部门在项目投资、资金支持、企业诚信、企业征信评定、龙头企业申报、林业产业奖项评定、生态产品认定等方面所采信的重要依据之一。同时，面对互联网技术的快速发展，森林认证为林产品尽快实现林超对接、成功进入电商平台增加筹码；通过认证认可手段，增进互信互认，减少贸易壁垒，助力中国企业"走出去"，服务国家"一带一路"的建设。由此可见，森林认证机构在为申请开展认证的企业提供认证服务的同时，也给企业带来一系列的增值服务。

二、中国森林认证调研

（一）研究设计

1. 概念、变量界定

根据研究目的和理论分析框架，本研究在国内外相关研究的基础上首先对森林认证支付意愿的分析框架、概念和变量等进行界定，再设计问卷、选取样点、进行调查，最后对调查结果进行分析，并得出结论。主要的概念、变量界定如下。

（1）森林认证的支付意愿。

支付意愿分为愿意和不愿意两部分。在问卷*设计中，设计相关问题调查人们对森林认证的支付意愿情况，并调查人们的支付意愿大小。其中问卷的问题5就是先调查人们是否愿意为森林认证来支付一定的金额，其次问题6调查人们的支付意愿值大小，从1～1 000元/（人·年）不等。通过以上两个问题大致估算出调查对象的个人支付意愿。

（2）人口统计变量。

人口统计变量就是不同人群的不同特征统计，比如性别、年龄、家庭人口数、家庭月收入和教育程度等，这些特征都会对支付意愿产生不

* 见书后《森林认证的支付意愿的调查问卷》。

同的影响。

（3）森林认证的认知变量。

本研究的目的之一就是研究人们对森林认证的认知程度。因此，在问卷调查中也设计了认知程度①的调查。根据 Marcinkowski（1998）的研究，认知变量分为三类，分别为自然环境知识的认知度、环境问题知识的认知度和环境行动知识的认知度。自然环境知识认知度是指人们了解有关生物学和生态学的知识的程度；环境问题知识的认知度是指当某资源过度使用后对这一具体环境问题的认知程度；环境行动知识认知度是指人们已经采取哪种行动以解决环境问题的知识程度。

另外，本研究还设计三个问题分别调查这三种认知程度。主要调查人们对森林认证的了解程度，人们对森林功能的了解程度及人们对保护森林资源的重要程度的认知。

（4）态度变量。

态度变量主要调查人们对森林认证的基本态度和观点，包括重视度和支持度两方面。问题 10 调查人们是否觉得森林认证有必要，以反映对森林认证的基本态度。问题 11 调查人们是否会支持森林认证，即从必要性和支持度两个方面反映人们对森林认证的支持程度。另外，问题 19 通过情景假设的方式了解人们是否愿意参加森林认证培训来支持国家推行这一行动的情况。

2. 研究假设

本研究主要运用现代统计分析理论与方法分析问卷中各个变量是否显著影响人们对森林认证的支付意愿，并研究影响程度的大小和支付意愿的多少。研究中，森林认证的支付意愿/接受意愿的研究假设如下：

H_1：认知变量（认知影响因素）对森林认证的支付意愿存在显著影响；

H_2：态度变量（态度影响因素）对森林认证的支付意愿存在显著影响；

H_3：人口变量对森林认证的支付意愿存在显著影响。

原假设 H_0 分别对应着 H_1、H_2 和 H_3，即假设认知变量、态度变量

① 在此，按照 Marcinkowski 的研究，认知程度主要为环境认知程度，即环境认知度。

和人口变量对森林认证的支付意愿不存在影响。

（二）研究方法

本研究旨在对影响森林认证支付意愿的因素和影响程度进行分析。研究过程中，针对不同的研究内容运用不同的研究方法。

1. 定性资料分析法

收集数据前，首先要通过研读森林认证及支付意愿的相关文献资料，了解有关概念、发展现状及影响因素等，并进行总结归纳，提炼出所需要的内容。

森林认证在国内仍属新兴领域，资料比较匮乏，有关概念、界定等仍不一致。因而在研读文献资料的过程中，笔者主要采用了“追根求源法”和“交叉查证法”进行研究。任何文献资料，如果提到相关内容，一定从原始文献开始查找，比如 FSC 和 PEFC 提到的一些国际公约，就查找有关国际公约，以便掌握相关概念的准确内容和含义。由于森林认证在国外发展迅速，因此本研究有必要借鉴国外的相关研究资料。在了解 FSC、PEFC、SFI 等体系时，大量阅读了相关官方网站发布的英文文件，目的就是保证原始资料的准确性。以上就是对文献资料的追根求源。除了用追根求源法把原始文献作为主要依据外，本研究还参考了大量其他文献资料，即所谓的“交叉查证法”。

文献资料收集结束后，主要着手于问卷的设计和对影响因素的选取。在研读文献资料的基础上，根据研究的目的和要求，总结相关因素和问题，完成问卷的设计。

2. 意愿调查法（CVM）

本研究围绕意愿调查开展相关工作。意愿调查法（Contingent Valuation Method，CVM）也叫意愿调查价值评估法，本质上是一种模拟市场技术的评估方法，核心是直接考察人们对改善某环境服务的最大支付意愿（Willingness to Pay，WTP）或者非支付意愿（Not Willingness to Pay，NWTP），并以此支付意愿来代表研究环境所提供服务的经济价值。相比其他众多非市场价值评估方法，CVM 已被普遍使用。

CVM 的指导思想为代替市场对环境价值进行评估。Loomis 等人利用 CVM 调查了美国居民对恢复普拉特河流域 5 个主要服务功能的支付意愿（WTP）。国内薛达元首次通过支付意愿调查，对长山自然保护区生物多样性的经济价值进行了量化评估。李莹等也用此方法调查分析了北京市居民为改善大气环境质量的支付意愿。

CVM 仍存在一些缺陷。迄今为止它的研究领域还比较狭窄，仅仅局限于环境资源提供服务的支付意愿调查，并且它的准确性和科学性值得推敲，部分学者对于 CVM 本身的可靠性也提出过疑问。

CVM 本身虽然存在一定的局限性，但是作为一种有理可循的非市场评估方法，它可以通过模拟市场，对那些无法用市场价格反映价值的公共物品，比如公共资源和生态环境等进行评估量化。另外，调查问卷数据属于一手数据，与二手数据相比，它的真实性和可靠度更高，一定程度上它能更接近于环境物品的真实价值。因此，如今在评估环境资源价值时，CVM 已成为首选，并越来越受到人们的青睐。

3. 数据分析方法（Data Analysis）

收集完数据后，结合计量经济学和数理统计的有关理论知识，建立回归模型，并进行定量分析。本研究主要运用 Excel 2010、SPSS 13.0、Stata 13.0 等统计分析软件完成数据分析与模型建立，主要采用变量间描述性统计分析、相关分析和多元回归分析的方法进行分析。

（1）描述性统计分析（Descriptive Analysis）。

描述性统计分析是将收集的数据，用频率分布表或扇形图等进行描述分析，所用的指标基本限于简单平均数、方差等。描述性统计分析一般认为是数据分析中最基本的一步。本研究根据调查问卷，首先对抽样本的人口统计情况（包括性别、教育水平、年龄等）、森林认证的支付意愿（愿意或不愿意）、森林认证的认知程度、个人态度（包括支持和反对）等进行描述性统计分析，初步了解这些变量的分布情况和特征。

（2）均值比较（Compare Means）和方差分析（Analysis of Variance，ANOVA）。

均值比较和方差分析都建立在假设检验的思想前提下，常用的检验方法为 p 值法。均值比较包括三种：单个正态总体的均值与已知值之间的比较、两独立正态总体的均值比较和两配对正态总体的均值比较。方差分析用来观察一个变量对另一个变量是否有显著影响。在 95% 的置信水平下，p 值小于 0.05 时，表示有显著影响。均值比较与方差分析不同之处在于，均值比较一般限于两组人群，而方差分析能用于多组总体间的比较。相同点为均值分析和方差分析的方法一致，都用参数检验和非参数检验两个方法。如果涉及群体不完全来自正态分布或者其分布的状态不清楚，这时需采用非参数检验的方法。另外，当样本数据是定序数据或定类数据时，也要选用非参数检验的方法。当且仅当样本数据是定距连续变量数据且所涉及样本符合正态分布要求时，那么可以用参数检验。由于本研究的调查研究主要针对个体意愿行为及大量定序或者属性分类变量，因此采用非参数检验方法主要分析不同人口统计变量（性别、教育水平等）对森林认证的支付意愿及态度是否存在显著性影响。

（3）相关分析（Correlation Analysis）。

相关分析是研究变量之间是否存在影响关系，并且探索这种影响的方向及变量之间的相关程度。它是一种非确定性关系，包括线性相关、偏相关、复相关等，它们各自通过不同的系数表示，包括简单线性相关系数、偏相关系数及复相关系数。当这些系数较大且通过检验时，说明变量间是存在相关关系的。反之，则没有关系。对定距连续变量的数据，采用 Pearson 相关系数，即所说的线性相关系数；对分类的数据或分布明显非正态或分布不明时，采用 Spearman 相关系数和 Kendall 秩相关系数；对于有序变量，最常用 Gamma 统计量分析。本研究利用相关分析方法研究性别、年龄、教育水平等变量与支付意愿之间的相关关系。

（4）回归分析（Regression Analysis）。

回归分析是将两种或两种以上变量间的定量关系用方程表示的一种分析方法。回归分析中有两种变量，分别是自变量和因变量。自变量是指因素或条件，一般用 x 表示，一个回归方程可以有一个或若干个自变量。因变量表示结果，它随众多因素的变化而变化，通常用 y 表示，一般情况下，一个方程只有一个因变量。回归分析能得出因变量和自变量的关系如何，影响程度多大。回归分析根据因变量的数据类型及自变量的多少可以分为很多种类。本研究重点研究人们对森林认证的支付意愿，属于二分类变量，主要采取二元 logistic 回归分析方法。

首先，调查人们是否愿意为森林认证支付一定费用。在调查设计中，问题答案设为“愿意”和“不愿意”两种情况，即回答为二元变量，只取 1 与 0 两个数值。对于这种二元离散型因变量，不能直接使用多元线性回归，而应使用 Logistic 回归模型。Logistic 模型是针对定性变量，将逻辑分布作为随机误差项的概率分布的一种二元离散选择模型，适用于按照效用最大化原则所进行的选择行为的分析。因此，使用 Logistic 回归模型可以用来分析居民对森林认证的支付意愿的影响因素和程度。森林认证的支付意愿影响模型可以表述为：

$$\ln \frac{p}{1-p}=b_0+b_1x_1+\cdots+b_kx_k \tag{3.1}$$

式中：b_k（k=1，2）为常数项，b_k 为第 k 个影响因素的回归系数；x_k 为解释变量，即影响因变量的主要因素，包括性别、职业、月收入等。

即 $\ln \frac{E(y)}{1-E(y)}$ 是 x_1，x_2，…，x_k 的线性函数。根据 Logistic 回归建模的要求，某事件在一组自变量 x_n 作用下所发生的结果用指示变量 y 表示，本研究中 y 表示是否愿意为森林认证而支付一定的费用，其赋值规则为：

$$y=\begin{cases}1 & \text{（愿意支付费用）}\\ 0 & \text{（不愿意支付费用）}\end{cases}$$

（三）问卷设计

本次研究主要通过问卷调查的方法收集数据。主要选取四川、福建、河南和内蒙古四省区进行调查，通过对调查地居民的问卷调查，收集有关数据，并研究森林认证的有关问题，分析并得出结论。

本次问卷共包括三个部分，第一部分主要了解被调查者的个人信息，包括性别、家庭人口数、年龄、职业、教育程度等人口统计变量；第二部分是认知程度的调查，调查人们对森林认证及森林资源相关知识的认知和了解程度；第三部分是森林认证态度的调查，调查人们对森林认证的态度和支持程度。具体的问卷结构见表 3.1。

本研究的问卷设计经过研究小组几次讨论修改后形成初稿，并在网上和学生中各发放了 10 份问卷进行预调查，再根据预调查结果对问卷进行修改，最终形成正式问卷。问卷包括 20 项问题，其中包括单项选择式问题 16 个，多项选择式问题 1 个，量表式测试问题 3 个，其中含有一处逻辑跳问题。

表 3.1　问卷结构表

<table>
<tr><th>结构</th><th>变量</th><th colspan="2">内部分变量</th><th>题号</th><th>变量符号</th></tr>
<tr><td rowspan="6">第一部分</td><td rowspan="6">个人信息</td><td colspan="2">性别</td><td>Q_1</td><td>X_{11}</td></tr>
<tr><td colspan="2">家庭人口数</td><td>Q_2</td><td>X_{12}</td></tr>
<tr><td colspan="2">年龄</td><td>Q_3</td><td>X_{13}</td></tr>
<tr><td colspan="2">职业</td><td>Q_4</td><td>X_{14}</td></tr>
<tr><td colspan="2">文化程度</td><td>Q_5</td><td>X_{15}</td></tr>
<tr><td colspan="2">年收入</td><td>Q_7</td><td>X_{16}</td></tr>
<tr><td rowspan="4">第二部分</td><td rowspan="4">认知程度</td><td rowspan="4">了解程度</td><td>森林资源现状</td><td>Q_8</td><td>X_{21}</td></tr>
<tr><td>森林认证</td><td>Q_9</td><td>X_{22}</td></tr>
<tr><td>政策落实</td><td>Q_{17}</td><td>X_{23}</td></tr>
<tr><td>森林生态功能</td><td>Q_{18}</td><td>X_{24}</td></tr>
<tr><td rowspan="5">第三部分</td><td rowspan="5">态度变量</td><td colspan="2">必要性</td><td>Q_{10}</td><td>X_{31}</td></tr>
<tr><td colspan="2">支持度</td><td>Q_{11}</td><td>X_{32}</td></tr>
<tr><td colspan="2">参加培训意愿</td><td>Q_{19}</td><td>X_{33}</td></tr>
<tr><td colspan="2">重要性</td><td>Q_{20}</td><td>X_{34}</td></tr>
<tr><td colspan="2">Y</td><td>支付意愿</td><td>$Q_{12}\sim Q_{15}$</td></tr>
</table>

(四) 抽样调查

调查方法多种多样，一般来说，根据媒介的不同，分为邮寄调查、网络调查、电话调查、面访调查等。

本次调查主要采取分层抽样调查的方法进行。根据我国森林资源分布情况和社会经济发展水平，主要选取四川、福建、河南和内蒙古四省区进行调查。选取的地点主要考虑人口分布、森林资源情况、社会经济发展和林业经济情况等。调查人数的确定主要采取随机抽样的方法进行调查，即根据 Scheaffer 抽样公式计算确定，具体公式为：

$$n=\frac{N}{(N-1)\times g^2}+1 \tag{3.2}$$

式中：n 表示抽样样本数量；N 表示抽样总体数量；g 表示抽样误差。根据研究区域 2015 年县级人口数，设定抽样人数误差率为 8%（5%～10%的中间值），通过计算，每个抽样地随机抽取有效样本数量最少应该为

140人。考虑到季节性和人员流动性等因素，本研究选取的调查时间为2015年7月和2016年的7—8月。

具体来说：

（1）福建省主要选取福州市进行调查。福州，别称榕城，是福建省会，福建第一大城市，海峡西岸经济区中心城市之一、滨江滨海生态园林城市，是福建省政治、经济、文化、交通、医疗、科技中心，也是东部战区陆军机关驻地。福州是中国市场化程度和对外开放度较高的地区之一，在福建省的发展和海西建设全局中发挥着龙头带动作用。

福州属典型的亚热带季风气候，气温适宜，温暖湿润，四季常青，阳光充足，雨量充沛，霜少无雪，夏长冬短，年无霜期达326天。年平均日照数为1 700～1 980小时，平均降水量为900～2 100毫米，平均气温为20～25℃；最冷月份为1—2月，平均气温6～10℃；最热月为7—8月，平均气温为33～37℃。极端气温最高为42.3℃，最低—2.5℃，2013年福州成为四大火炉之首。年相对湿度约77%。常出现热岛效应，主要是因为福州为盆地地形，夏季中午气温高达36℃以上。主导风向为东北风，夏季以偏南风为主。7—9月天气炎热，是台风活动集中期，每年平均台风直接登陆市境2次左右。福州的最佳旅游季节为每年4—11月。

福州现辖5区2县级市6县，全市总面积为12 154平方千米，其中市区总面积为1 786平方千米。南部为福州盆地的大部分；北部为山地，从西南向东倾斜；西部为中低山地；东部丘陵平原相间。山地、丘陵占全区土地总面积的72.68%，其中山地占32.41%，丘陵占40.27%。福州市林地面积为7 792平方千米，占全市总面积的64%；现有森林总面积947万亩（1亩≈666.67平方米），林木总蓄积量达1 680万立方米，森林覆盖率为51.9%，绿化程度高达88.6%。

另外，福州林业产业发达，2015年全省规模以上林业企业共2 513家，比2014年增加173家，同比增长7.39%。省级林业产业龙头企业141家、境内外上市林业企业21家；中国名牌产品2个，中国驰名商标28枚，省级名牌产品170个，省著名商标92枚，大多数位于福州境内。福州生态环境优良。全市每年吸收的二氧化碳量等于排放总量的57.8%，生态环境、空气质量均为优，质量评比连续多年居全国前列。

（2）河南省主要选取信阳市进行调查。信阳市位于鄂豫皖三省交界处，是江淮河汉之间的战略要地。全市总面积 1.89 万平方千米，总人口 864.80 万。在历史上，信阳市属中华文明发祥地之一，并在土地革命时期建立起仅次于中央苏区的第二大革命根据地——鄂豫皖苏区。地理方面的优厚条件使信阳市成为我国 44 个交通枢纽城市之一。

信阳物产丰富，资源充沛，作为“鱼米之乡”的信阳，也盛产水稻、小麦、油菜等农作物，主要经济作物有茶叶、板栗、银杏、红黄麻。“信阳毛尖”是全国十大名茶之一，被誉为绿茶之王。

信阳是国家级生态示范市，境内有 530 多种野生动物和 2 000 多种植物，居河南省之冠，森林覆盖率为 36.11%。信阳到处青山绿水，是中国优秀旅游城市。信阳市地处大别山和桐柏山接合部，属亚热带向北温带过渡区。该地区四季分明，气候温和，光照充足，雨量充沛，无霜期长。充足的光照，适合的温度和丰富的水资源，为树木的生长提供了良好的条件。

著名的鸡公山是国家级自然风景区和中国四大避暑胜地之一。植被属于泛北极植物区、中国—日本森林植物亚区的华中植物区系范围，以亚热带植物成分为主，兼有暖温带的成分。植被地带性表现出典型的由北亚热带常绿阔叶林与落叶阔叶林地带向暖温带落叶阔叶林地带过渡的特征，是多种区系成分的交汇带。

(3) 四川省主要选取成都市进行调查。成都，简称“蓉”，是四川省省会、副省级市，中国西南地区的科技、商贸、金融中心和交通枢纽，国家重要的高新技术产业基地、商贸物流中心和综合交通枢纽、西部地区重要的中心城市。

成都位于四川省中部，全市东西长 192 千米，南北宽 166 千米，总面积 14 605 平方千米，其中耕地面积 648 万亩。境内地势平坦、河网纵横、物产丰富、农业发达，自古就有“天府之国”的美誉。成都下辖 11 个市辖区、4 个县，代管 5 个县级市。

成都市东、西两个部分之间高差达 4 966 米。由于地表海拔高度差异显著，直接造成水、热等气候要素在空间分布上的不同，不仅西部山地气温、水温、地温大大低于东部平原，而且山地上下之间还呈现出明显的不同热量差异的垂直气候带，因而在成都市域范围内生物资源种类繁多，门类齐全，分布又相对集中。

成都按地貌类型可分为平原、丘陵和山地；按土壤类型可分为水稻土、潮土、紫色土、黄壤、黄棕壤等 11 类；按土地利用现状类型可分为耕地、园林地、牧草地等 8 类。平原面积比重大，为 4 971.4 平方千米，占全市土地总面积的 34%，远远高于全国 12%和四川省 2.54%的水平；丘陵面积占 27.6%，山地面积占 32.3%。土地垦殖指数高，可利用面积的比重为 94.2%，全市平均土地垦殖指数达 38.22%，其中平原地区高达 60%以上，远远高于全国 10.4%和四川省 11.5%的水平。

成都的林业较为发达，生态环境也较为良好。在本次调研中，主要采用分层抽样和随机抽样的方式进行调查，共发放问卷 200 份，回收 177 份，实际收回有效问卷 150 份，有效率达 84.7%。调查时间为 2016 年 7 月 1—30 日。

（4）内蒙古自治区主要选取呼伦贝尔市进行调查。呼伦贝尔市是“世界上土地管辖面积最大的地区级城市”。呼伦贝尔市总面积为 26.3 万平方千米，相当于山东省与江苏省两省之和。呼伦贝尔市东邻黑龙江省，西、北与蒙古国、俄罗斯相接壤，是中俄蒙三国的交界地带，与俄罗斯、蒙古国有 1 723 千米的边境线，有 8 个国家级一、二类通商口岸，其中满洲里口岸是中国最大的陆路口岸。

呼伦贝尔市属亚洲中部蒙古高原的组成部分。大兴安岭以东北—西南走向纵贯呼伦贝尔市中部，形成如下地形单元和经济类型区域：大兴安岭山地为林区，海拔 700～1 700 米；岭西为呼伦贝尔大草原，是草原畜牧业经济区，海拔 [illegible]00～1 000 米，草原与林地的过渡地带，多是黑钙土，适于发展种植业，形成以农牧企业为主要成分的农牧结合经济带；岭东地区为低山丘陵与河谷平原，形成种植业为主的农业经济区，海拔 200～500 米。

大兴安岭在蒙古高原与松辽平原之间，自东北向西南，逶迤纵贯千余里，构成了呼伦贝尔市林业资源的主体。呼伦贝尔市有林地面积 1.90 亿亩（含松加地区），占全市土地总面积的 50%，占自治区林地总面积的 83.7%。呼伦贝尔市森林覆盖率 49%，森林活立木总蓄积量 9.5 亿立方米，全市森林活立木蓄积量占自治区的 93.6%，占中国的 9.5%。呼伦贝尔市林区的主要树种有兴安落叶松、樟子松、白桦、黑桦、山杨、蒙古柞等。

（五）森林认证支付意愿分析

1. 福州市森林认证支付意愿统计分析

（1）问卷基本信息统计。

本次调查共发放问卷150份，回收111份有效问卷，有效率74%。在调查中，支付意愿用WTP表示，根据问卷问题14和15两道题的答案，得出受访者的基本信息统计见表3.2。

表3.2 问卷基本信息统计

有效问卷111份（发放问卷150份）									
支付意愿	WTP=0元/年					WTP>0元/年			
原因	收入有限	与本人无关	本人不受益	政府负责	钱是否有效利用	贯彻国家政策	吸引游客	可持续发展	保护自然资源
频数	9	11	5	14	3	39	4	12	14
百分比（%）	8.1	9.9	4.5	12.6	2.7	35.1	3.6	10.8	12.6
合计（%）	37.8					62.2			

通过上表的基本信息分析来看，受访者愿意进行支付，即选择了支付意愿值WTP>0，其主要原因包括以下4个：

①为了贯彻国家森林保护政策，占35.1%。

②为了吸引更多游客去森林旅游观光，占3.6%。

③为了子孙后代的可持续发展，占10.8%。

④为了保护森林自然资源，占12.6%。

受访者不愿意进行支付，即选择了WTP=0，其主要原因包括以下5个：

①家庭收入有限，没钱来支付这笔费用，占8.1%。

②对此事不关心，与本人无关，没有责任意识，占9.9%。

③本人远离此地居住，不会受益，占4.5%。

④认为应该由政府埋单，不该由本人承担，占12.6%。

⑤担心钱是否真正用于森林认证，占2.7%。

总结大家愿意支付和不愿意支付的原因，一方面，人们愿意为森林认证支付费用的原因更倾向于为了贯彻国家森林保护政策，其次是保护森林资源和为了子孙后代的可持续发展，旅游观光位列最后；另一方面，人们不愿意支付费用大多因为大家认为森林认证的费用应该由政府埋单，不该由本人承担；其次就是人们对此事不了解，认为森林认证与本人无关，没有责任意识；之后认为家庭收入有限没钱来支付这笔费用、远离福建省不会收益及担心钱是否真正用于森林认证也各占一部分人。

由此来看，要想使森林认证为更多人接受，就要大力宣传贯彻国家相关政策，政府以身作则，做好带头作用，率先推行森林认证的理念，做好森林认证的发展规划，带领人们共同发展森林认证。

表 3.3 为受访者的基本信息和描述性统计表。相关结果显示，男性受访者多于女性受访者，家庭人口数基本位于 4～5 人，符合中国普通家庭人口数的数量，在年龄上平均位于 21～40 岁，职业大多数为事业单位和公司职工，平均教育水平为大学，这点与我国如今大学生总数激增的现实相吻合。在所有受访者中，年均收入在 1.2 万～3.6 万元，一定程度反映了福建省福州市收入水平在我国所有省份中处于中等水平。另外，根据森林认证认知的了解程度、森林认证必要程度和态度变量的调查数据来看，三者都处于一般化的水平。这些数据也反映出福建省福州市的居民对森林认证的了解一般，在支持森林认证工作的开展上也一般。总体来说，森林认证在福建省福州市的开展情况一般，并没有某些指标有突出的表现，令人印象深刻。

表 3.3　受访者的基本信息和描述性统计

性别	1＝男；2＝女	1.30	0.50	0.25
家庭人口数	按实际人数统计计算	4.52	1.34	1.74
年龄	1＝20 岁以下；2＝21～30 岁； 3＝31～40 岁；4＝41～50 岁； 5＝51～60 岁；6＝60 岁以上	2.79	0.91	0.83
职业	1＝行政管理人员； 2＝事业单位职工（教师、研究人员等）； 3＝企业/公司职工；4＝个体工商； 5＝农民；6＝学生；7＝军人； 8＝家庭主妇、退休人员；9＝其他	2.29	1.41	1.98

续表

变量	定义与赋值	平均值	标准差	方差
学历	1＝小学及以下； 2＝中学（高中/初中）； 3＝大学（本科、大专）； 4＝研究生及以上	2.92	0.82	0.69
年均收入	1＝3.6万元以下；2＝3.6万～4.8万元； 3＝4.8万～6万元；4＝6万～8万元； 5＝8万～10万元；6＝10万～12万元； 7＝12万～20万元；8＝20万元以上	4.55	2.21	4.54
了解程度	1＝很熟悉；2＝一般熟悉；3＝不太熟悉	1.61	0.72	0.58
森林认证必要程度	1＝很有必要；2＝一般，不是亟待保护； 3＝没什么必要	1.42	0.60	0.36
支持程度	1＝很支持；2＝一般；3＝不支持	1.39	0.52	0.27

（2）描述性统计分析。

①认知变量。

认知变量的统计见表3.4。

表3.4　对森林资源现状的了解

	浪费现象严重，急需保护	一般，不是亟待保护	没什么必要
人数	96	14	1
占比（%）	86.49	12.61	0.90

由表3.4可以看出：要全面推广森林认证，加强人们对森林认证的认识，首先要加强对森林资源现状的了解。调查中设计了第8题，调查人们对森林资源现状的了解程度。调查结果显示，大多数受访者认为森林资源浪费现象严重，急需保护。因此，总体来看人们的危机意识和保护意识较强，但有约13%的受访者没有认识到保护森林的严峻性和重要性，认为森林保护没有什么必要，森林资源面临的问题不大。

在对森林认证的了解程度的调查上，问卷第9题调查了人们对森林认证的了解程度。与上面对问题8的调查结果相比，人们对森林认证的了解程度远远不及对森林资源现状的了解程度。表3.5显示，只有一半多的受访者对森林认证很熟悉，而剩下的将近一半的被调查者不了解森林认证情况，表示没有接触过森林认证。

在对森林功能的调查上，有 58.56％的受访者表示对此熟悉，有 26.13％的表示一般熟悉，剩下 15.32％表示对森林功能不熟悉或了解，说明大部分人们越来越认识到森林在日常生活中发挥的作用越来越大。

情况最差的是对森林认证政策制度制定的调查。调查结果显示，熟悉森林认证政策、制度的受访者不到 50％，不熟悉的人数占比高达 23.42％。调查结果表明森林认证发展受阻很大程度上是由森林认证的基本政策制度没有落实到位造成的。因此，政府若想促进森林认证事业的快步发展，关键要宣传森林认证相关政策制度，让人们深入了解森林认证的法律、法规，也让森林认证为人们带来更多的便利。

总之，从认知变量的描述性统计分析发现，人们对森林认证的认识程度不高，要想在全国范围内实施森林认证，关键要提高人们森林认证的意识，让人们了解森林认证的重要性和迫切性。

表 3.5　认知变量分析表

变量		熟悉	一般熟悉	不熟悉
森林认证	人数	62	30	19
	占比（％）	55.86	27.03	17.12
森林功能	人数	65	29	17
	占比（％）	58.56	26.13	15.32
政策、制度	[illegible]	[illegible]	[illegible]	[illegible]
	占比（％）	49.55	27.03	23.42

②态度变量。

在对森林认证态度的调查上，主要考察四个方面内容：人们对森林认证的支持与否，森林认证是否有必要，是否愿意参加森林认证的相关培训，以及森林认证的重要性如何。这四个内容的结果与认知变量的调查情况相似，均超过一半的受访者支持森林认证。

表 3.6 表明，一般支持和支持森林认证的受访者分别占调查总数的 35.14％和 62.16％，仅剩 2.70％的受访者不支持森林认证，说明森林认证得到大部分人的积极支持。这为今后顺利开展森林认证的工作奠定了比较好的群众基础，也为有关部门相关工作的开展提供了动力。

表 3.6　支持情况统计表

变量	支持	一般支持	不支持
人数	69	39	3
占比（%）	62.16	35.14	2.70

在对森林认证必要性问题的调查上，与支持情况结果相似，表 3.7 显示超过 63%的受访者表示开展森林认证工作很有必要，余下近 37%的被调查者没有认识到森林认证的必要性。因此，有关部门必须采取有效措施，加强森林认证必要性的工作。

表 3.7　必要性情况统计表

变量	有必要	一般，不是亟待保护	没什么必要
人数	70	34	7
占比（%）	63.06	30.63	6.31

在对森林认证态度的调查方面，一个重要内容是对人们是否愿意参加森林认证的培训活动的调查。结果表明，有近 60%的被调查者愿意参加相关培训，说明大部分人对森林认证的态度比较明确，愿意参加培训来提高对森林认证的认识（见表 3.8）。因此，森林认证机构可以适当组织一些培训活动，一方面满足人们这方面的需求，另一方面能有效宣传森林认证，达到全面推广森林认证的效果，达到事半功倍的效果。

表 3.8　愿意参加森林认证培训活动统计表

变量	愿意	一般	不愿意
人数	66	25	20
占比（%）	59.46	22.52	18.02

最后，通过对森林认证重要性程度的调查发现（见表 3.9），61.26%的受访者认为森林认证很重要，还有约 38%的受访者认为森林认证没有产生重大的作用。因此，亟待加强对森林认证重要性的认识。

另外，对研究结果分析发现，对森林认证的认知程度越高，人们对森林认证的支持程度也越高。

表 3.9　重要性情况统计表

变量	重要	一般	不重要
人数	68	30	13
占比（%）	61.26	27.03	11.71

③支付意愿。

在探讨人们是否愿意为森林认证支付一定费用时候，通过对福建省福州市的调查得出如图 3.1 所示的统计结果。其中愿意支付的人数占比与之前调查的熟悉森林认证、重视森林认证及支持森林认证的调查结果的占比几乎一样。同样，验证森林认证的支付意愿与认知变量及态度变量的关系发现，它们均呈正比关系。结果表明熟悉森林认证、重视森林认证及支持森林认证的人同样更愿意为森林认证支付费用。因此，提高人们对森林认证的支付意愿，促进森林认证事业的发展，首先就要提高人们对森林认证的意识。

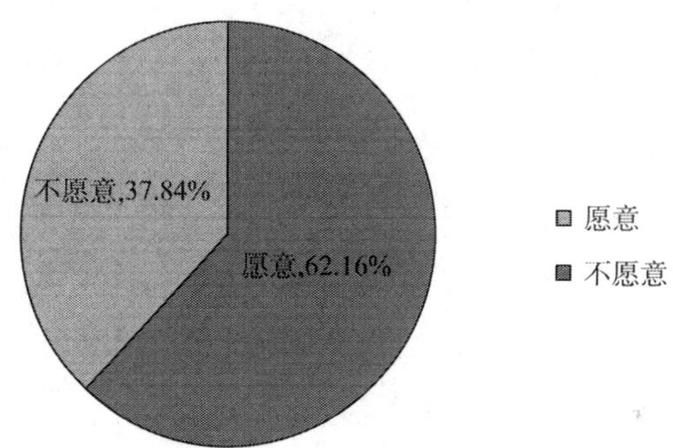

图 3.1　支付意愿情况统计图

图 3.2 反映了受访者们的支付意愿值的变化情况。由此可以看出，随着支付意愿值的增加，人数呈减少的趋势。另外，愿意支付 1 元的人数最多，占比远远高于其他数值的人数；其次是 100 元。总体来看，很大部分人的支付意愿值比较低（见表 3.10）。

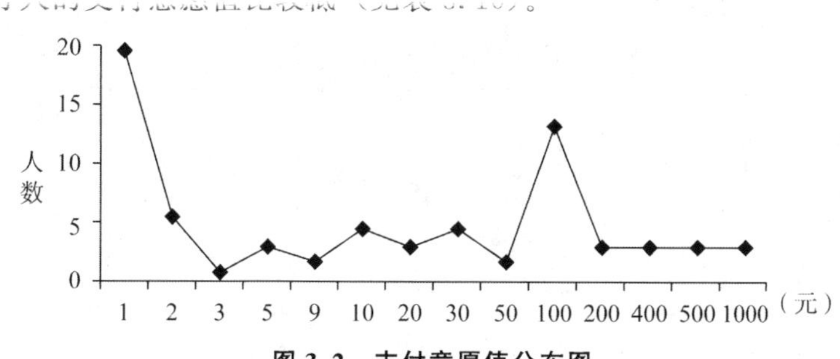

图 3.2　支付意愿值分布图

表 3.10　支付意愿值分布表

支付意愿值（元）	人数	占比（%）
1	19	27.54
2	6	8.70
3	1	1.45
5	3	4.35
9	2	2.90
10	4	5.80
20	3	4.35
30	4	5.80
50	2	2.90
100	13	18.84
200	3	4.35
400	3	4.35
500	3	4.35
1000	3	4.35
合计	69	100.00

在不同性别支付意愿的统计上，表 3.11 和表 3.12 反映出不同性别受访者的支付意愿情况。

表 3.11　不同性别受访者支付意愿统计表

性别	愿意		不愿意		合计
	人数	百分比（%）	人数	百分比（%）	
女	18	72.0	7	28.0	25
男	51	59.3	35	40.7	86

表 3.12　不同性别受访者支付意愿值统计表

性别	支付意愿值合计（元）	支付愿意人数（人）	平均支付意愿值（元）
女	2373	18	131.83
男	5412	51	106.12

由表 3.11 和表 3.12 可以看出：女性的支付意愿明显高于男性，女性中愿意为森林认证支付费用的人数占比达 72.0%，高于男性的 59.3%。并且从具体的支付意愿值分析来看，女性平均支付意愿值为 131.83 元，男性为 106.12 元，女性远高于男性。因此，从不同性别受访者支付意愿的分析来看，男女对森林认证的支付意愿值是不一致的。

表 3.13、表 3.14 和图 3.3、图 3.4 反映了不同年龄受访者支付意愿的统计情况。

表 3.13　不同年龄受访者支付意愿统计表

年龄	愿意		不愿意		合计
	人数	百分比（%）	人数	百分比（%）	
20 岁以下	1	50.00	1	50.00	2
21～30 岁	30	63.22	16	34.78	46
31～40 岁	21	56.76	16	43.24	37
41～50 岁	14	63.64	8	36.36	22
51～60 岁	2	66.67	1	33.33	3
60 岁以上	1	100	0	0	1

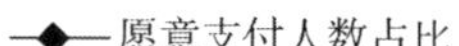

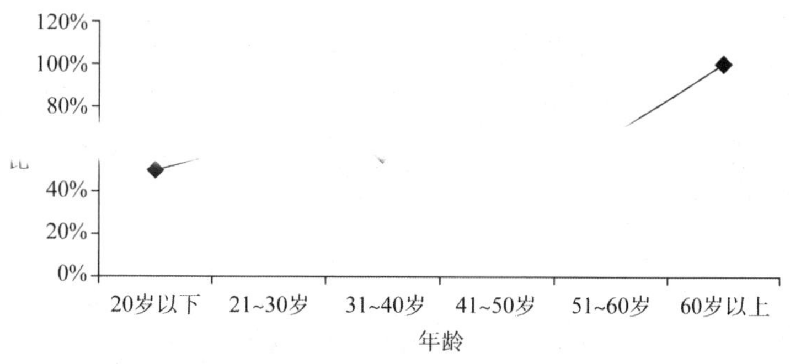

图 3.3　不同年龄支付意愿统计图

表 3.14　不同年龄受访者支付意愿分布表

性别	支付意愿值合计（元）	愿意支付人数（人）	平均支付意愿值（元）
20 岁以下	2	1	2.00
21～30 岁	2006	30	66.87

续表

性别	支付意愿值合计（元）	愿意支付人数（人）	平均支付意愿值（元）
31～40 岁	1315	21	62.62
41～50 岁	4012	14	286.57
51～60 岁	430	2	215.00
60 岁以上	100	1	100.00

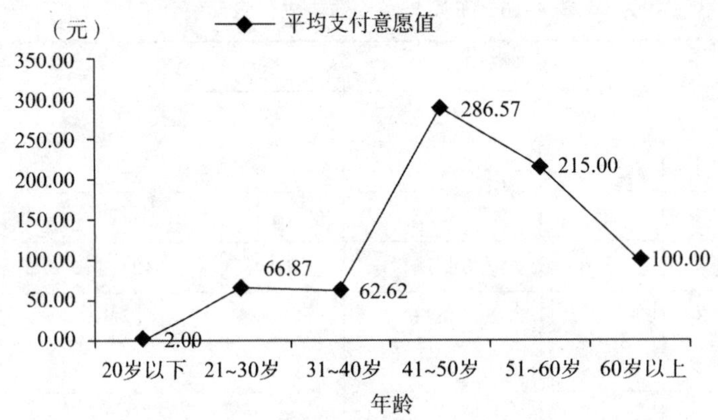

图 3.4　不同年龄受访者支付意愿分布图

由表 3.13、表 3.14 和图 3.3、图 3.4 可以看出：随着年龄的增长，愿意支付人数占比大体呈增长的趋势，也就是说，随着人的年龄的增加，对森林认证的支付意愿也在提高。另外，从平均支付意愿值来看，50 岁之前，愿意支付的费用随年龄的增加而增加，到 50 岁急增到 286.57 元，大于 50 岁之后，愿意支付的费用呈递减的趋势。

在不同职业受访者支付意愿的统计上，表 3.15、表 3.16 反映了其变化情况。

表 3.15　不同职位受访者支付意愿统计表

职业	愿意		不愿意		合计
	人数	百分比（%）	人数	百分比（%）	
行政管理人员	29	85.29	5	14.71	34
事业单位职工	11	39.29	17	60.71	28
企业/公司职工	16	72.73	6	27.27	22

续表

职业	愿意		不愿意		合计
	人数	百分比（%）	人数	百分比（%）	
个体工商	5	71.43	2	28.57	7
学生	2	50.00	2	50.00	4
军人	1	50.00	1	50.00	2
农民	5	35.71	9	64.29	14

表 3.16　不同职位受访者支付意愿分布表

职业	支付意愿值合计（元）	愿意支付人数（人）	平均支付意愿值（元）
行政管理人员	4207	29	145.07
事业单位职工	308	11	28.00
企业/公司职工	947	16	59.19
个体工商	2005	5	401.00
学生	100	2	50.00
军人	100	1	100.00
农民	12	5	2.40

由表 3.15、表 3.16 可以看出：除事业单位职工和农民的愿意支付人数占比低于 50%，其他职业愿意支付的人数均达到或超过 50%。其中，行政管理人员的人数占比最大，超过 85%，其次企业/公司职工和个体工商户，也均达到 70%以上。

在支付愿意值上，个体工商户最高，平均为 401.00 元/年，其次为行政管理人员和军人，都超过 100 元/年，农民最低，仅为 2.40 元/年。

另外，表 3.17 和图 3.5、图 3.6 反映了不同收入水平支付意愿统计情况。

表 3.17　不同收入水平支付意愿统计表

年均收入	愿意		不愿意		合计
	人数	百分比（%）	人数	百分比（%）	
3.6 万元以下	3	42.86	4	57.14	7

续表

年均收入	愿意		不愿意		合计
	人数	百分比（%）	人数	百分比（%）	
3.6万～4.8万元	9	45.00	11	55.00	20
4.8万～6万元	8	53.33	7	46.67	15
6万～8万元	3	33.33	6	66.67	9
8万～10万元	9	60.00	6	40.00	15
10万～12万元	16	69.57	7	30.43	23
12万～20万元	11	91.67	1	8.33	12
20万元以上	10	100.00	0	0.00	10

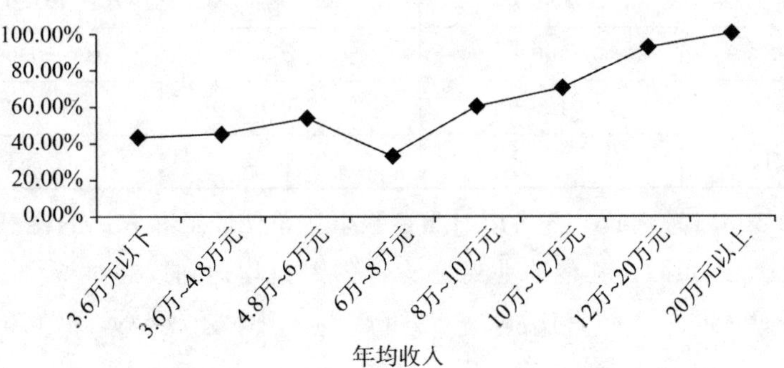

图 3.5　不同收入水平支付意愿统计图

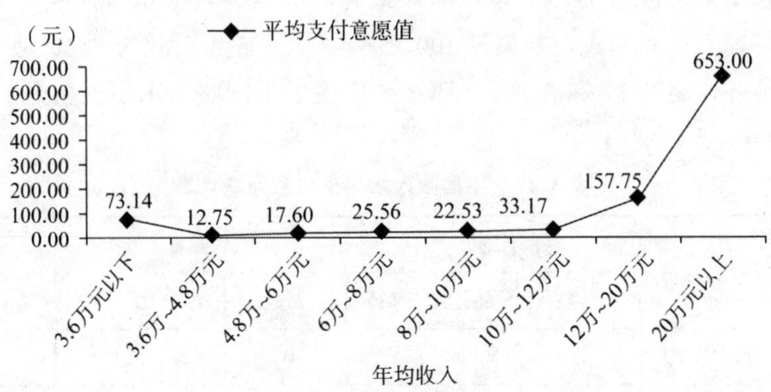

图 3.6　不同收入水平支付意愿分布图

由表 3.17 和图 3.5、图 3.6 可以看出：随着收入水平的提高，福州居民的支付意愿也不断提高。当居民年收入水平超过 20 万元的时候，其支付意愿达到 653 元。实际上，随着收入水平的提高，人们可支配收入就会随之增加，基本物质生活需求问题解决后，便会将资金投入到精神需求，如身体健康和休闲娱乐等需求方面。因此，收入更高的人愿意支付更多的费用支持森林认证，回馈社会，也便利自己。

④均值和方差分析。

均值和方差分析主要用于检验一个变量在另一变量的影响下是否呈现出差异性，即一个变量对另一变量是否有影响。本研究利用方差分析，考察不同人口统计变量在支付意愿上的差异。由于本研究的调查主要针对个体支付意愿，且有关变量属于定序或者分类变量，因此采用非参数检验的方法进行分析。分析中主要分析不同人口属性，如性别、教育水平等对森林认证的支付意愿影响上是否存在一定的差异。另外，考虑到人口统计变量较多，为了考察各个变量对支付意愿的差异性影响，本研究采用单因素方差分析方法进行分析，具体分析见表 3.18。

表 3.18　方差分析表

变量	检验 p 值	是否显著
性别	0.02	是
年龄	0.34	否
收入	0.01	是

由表 3.18 可以看出：不同人口统计变量对森林认证的支付意愿存在差异性影响。其中性别、年龄、文化程度及年收入这四个人口变量存在明显差异性，性别、职业和收入的 p 值小于 0.05 的显著性水平，说明这三个变量的影响是显著的。而年龄的 p 值大于 0.05 的显著性水平，说明它的影响是不显著的。

（3）相关分析。

上面利用方差分析分析了人口统计变量对支付意愿的影响情况。在此主要利用相关分析法来考察其他变量，如认知变量和态度变量对支付意愿的影响情况。具体统计见表 3.19。

表 3.19 相关分析结果表

类别	变量	相关系数	p 值
认知变量	森林认证的了解程度（Q_9）	0.423	0.00
	森林资源现状了解程度（Q_8）	0.324	0.01
	对森林认证政策了解程度（Q_{17}）	0.169	0.03
	对森林生态功能的了解程度（Q_{18}）	0.153	0.02
态度变量	支持森林认证（Q_{11}）	0.206	0.01
	认为森林认证有必要（Q_{10}）	0.192	0.04
	森林认证具有重要性（Q_{20}）	0.186	0.02
	参加培训的意愿（Q_{19}）	0.093	0.02

从表 3.19 可以看出：与支付意愿存在显著相关的变量依据其相关程度分别为：

①对森林认证的了解程度 Q_9，其相关系数为 0.423。

②对森林资源现状了解程度 Q_8，相关系数为 0.324。

③支持森林认证 Q_{11}，相关系数为 0.206。

④认为森林认证有必要 Q_{10}，相关系数为 0.192。

⑤森林认证具有重要性 Q_{20}，相关系数为 0.186。

⑥对森林认证政策的了解程度 Q_{17}，相关系数为 0.169。

⑦对森林生态功能的了解程度 Q_{18}，相关系数为 0.153。

⑧参加培训的意愿 Q_{19}，相关系数为 0.093。

这表明被调查者对森林认证的支付意愿主要与四种认知变量和态度变量相关。另外，在探讨影响支付意愿的影响因素时发现，认知变量与态度变量高度相关，尤其是对森林认证的了解程度 Q_9 与对森林认证的支持态度 Q_{11} 的相关系数为 0.602，表明了解程度与支持与否呈正相关，且对森林认证的了解程度越高，对森林认证的支持态度也越强烈。

因此，随着对森林认证了解程度的提高，人们更愿意支付一定的费用来支持它。人的行为是受思想控制的，在思想认识上充分了解森林认证，积极看待森林认证对社会、经济、环境带来的重大效益，清楚认识到保护森林是利国利民、惠及社会的善举，行动上则会表现出对森林认证的支持态度。目前，人们对森林认证的了解程度还不够高，从受访者的社会经济特征变量及其描述性统计分析可以看出，大部分人停留在一般的了解水平上。要提高社会对森林认证的支持，首先要加强对森林认证的了解，这还有很长的路要走。

(4) Logistic 回归分析。

根据 Logistic 回归分析的一般步骤，收集数据，建立模型，进行回归分析，具体的参数估计见表 3.20。

表 3.20 模型参数

变量	B	S. E.	Wald	df	Sig.
性别 x_1 (1=男，0=女)	0.81	0.23	5.79	1.00	0.01
职业 x_2 (1=事业单位，0=非事业单位)	-1.23	0.31	10.53	1.00	0.00
年均收入 x_3 (1=1.2 万～3.6 万元，0=其他)	1.56	0.43	7.01	1.00	0.02
支持程度 x_4 (1=支持，0=其他)	0.89	0.55	5.52	1.00	0.01
森林认证了解程度 x_5	1.22	0.36	6.03	1.00	0.00
森林认证了解程度 x_6 (1=一般熟悉，0=其他)	1.33	0.43	12.22	1.00	0.00
常量	-0.02	0.23	0.00	1.00	0.09

由此可以看出，以上 6 个因素的 p 值均小于 0.05，说明这 6 个自变量的影响都是显著的。因此，Logistic 回归方程为：

$$\hat{p}_i = \frac{e^{(-0.02+0.81x_1-1.23x_2+1.56x_3+0.89x_4+1.22x_5+1.33x_6)}}{1+e^{(-0.02+0.81x_1-1.23x_2+1.56x_3+0.89x_4+1.22x_5+1.33x_6)}} \tag{3.3}$$

在方程 (3.3) 中，除了职业 x_2 的回归系数 b_2 是负数，其他因素的回归系数 b_i 都大于 0，表明职业 x_2，取 $x_2=0$ 即“非事业单位”时，愿意为森林认证支付一定的费用，而其他 5 个因素，性别 x_1 取 $x_1=0$，即

“女性”，年均收入 x_3 取 $x_3=1$，即收入为“1.2 万～3.6 万元”，支持程度 x_4 取 $x_4=1$，即“支持”，了解程度 x_5 取 $x_5=1$，即“很熟悉”，了解程度 x_6 取 $x_6=1$，即“一般熟悉”，更愿意为森林认证支付费用。

综上所述，女性、非事业单位职工、年均收入达到 1.2 万～3.6 万元、对森林认证的了解程度一般及以上的，更愿意为森林认证支付一定费用。从每个因素的影响程度来看，年均收入和支持程度的 Wald 值较小，两者的贡献度也比较低，而职业和了解程度的 Wald 值最大，分别为 10.53 和 12.22，说明这两个因素的影响力最大，相比其他影响因素显得更为重要。

2. 成都市森林认证支付意愿统计分析

(1) 调查方法及样本描述。

本次调查共发放问卷 200 份。调查时间为 2016 年 7 月。调查中采用随机抽样的方法发放问卷，期间共回收问卷 177 份，后经过人工排查，共获得有效问卷数量 150 份，有效问卷率达 84.7%。

在调查的有效样本中，男性比例略高于女性；在家庭结构上，人口数为 4 人的家庭居多；在年龄构成上，处于 31～40 岁年龄段的人最多；从职业分布来看，选择农民和企业公司员工的人数占比较高；在受教育程度上，大多数被调查者为中学学历，占到 50%以上。从年均收入来看，收入 3.6 万元以下的占 43.3%，3.6 万～4.8 万元占 26.7%，4.8 万～6 万元占 16.0%，6 万～8 万元占 6.0%，8 万～10 万元占 2.0%，10 万～12 万元占 1.3%，12 万～20 万元占 2.7%，20 万元以上占 2.0%。

(2) 变量的统计分析。

①认知变量。

对森林认证认知的调查，主要调查人们对森林认证及其相关内容的了解程度。

首先是对森林资源现状的认识。表 3.21 反映了人们对森林资源现状的了解情况。结果表明，绝大多数受访者认为森林资源浪费现象严重，急需保护。但仍有 6%的受访者认为森林资源面临的问题不大，森林保护没有什么必要。

表 3.21　森林资源现状了解情况

变量	浪费现象严重，急需保护	一般，不是亟待保护	没什么必要
人数	141	9	0
占比（%）	94.0	6.0	0.0

在对森林认证其他认知变量的调查中，表 3.22 反映了相关变化情况。

表 3.22　认知变量分析表

变量		熟悉	一般熟悉	不熟悉
森林认证	人数	32	34	84
	占比（%）	21.3	22.7	56.0
森林功能	人数	21	67	62
	占比（%）	14.0	44.7	41.3
政策、制度	人数	9	44	97
	占比（%）	6.0	29.3	64.7

由表 3.23 可以看出：在对森林功能的了解方面，有 14%的受访者对此表示熟悉，44.7%的一般熟悉，剩下 41.3%对森林功能不熟悉。

在对森林认证内容的了解方面，只有一少半的受访者对森林认证熟悉，而剩下的一多半的被调查者不了解森林认证，表示没有接触过森林认证。在对森林认证政策、制度的了解方面，熟悉的受访者不到 40%，不熟悉的人数占比高达 64.7%。因此，政府若想促进森林认证事业快步发展，关键要宣传森林认证相关政策、制度，让人们深入了解森林认证，也让森林认证为更多的人带去便利。

总之，表 3.22 的结果表明：目前，人们对森林认证的认识程度还不高，尤其对森林认证政策、制度的了解程度还比较低。因此，要想提高森林认证的认知比例，必须加强宣传工作，提高森林认证的认知度。

②态度变量。

在态度变量的调查上，主要考察四个方面内容。即人们对森林认证的支持与否、森林认证是否有必要、是否愿意参加森林认证的相关培训及森林认证的重要性如何。根据表 3.23 的统计结果，超过 80%的受访者支持森林认证，仅有 5.3%的受访者不支持森林认证，这说明森林认证得到大部分人的积极支持。这为今后森林认证工作的开展奠定了一定的基础，也为有关部门森林认证的开展提供了动力。

表 3.23　森林认证支持情况统计表

变量	支持	一般支持	不支持
人数	121	21	8
占比（%）	80.7	14.0	5.3

在对森林认证必要性的调查中（见表 3.24），超过 90%的受访者表示开展森林认证工作很有必要，4%的被调查者认为没有必要。

表 3.24　必要性情况统计表

变量	有必要	一般，不是十分必要	没什么必要
人数	136	8	6
占比（%）	90.7	5.3	4.0

在森林认证态度变量的调查方面，根据表 3.25 的统计结果，有 70%以上的被调查者愿意参加森林认证的培训，说明大部分人对森林认证相关知识的求知意识比较强，很愿意参加培训来全面认识相关工作。因此，森林认证机构可以适当开展一些培训活动，一方面满足人们对森林认证的需求，另一方面能提高森林认证的宣传效果，促进森林认证的发展。

表 3.25　培训意愿统计表

变量	愿意	一般	不愿意
人数	59	65	26
占比（%）	39.3	43.4	17.3

另外，在对森林认证重要程度的调查方面，通过描述统计分析得到表 3.26。由表 3.26 可以看出，只有 7.3%的受访者认为森林认证不重要。因此，要提高森林认证的比例，就必须得到社会民众的支持，并加深他们对森林认证的认识和了解。

表 3.26　重要性情况统计表

变量	重要	一般	不重要
人数	92	47	11
占比（%）	61.3	31.3	7.3

③支付意愿。

在探讨森林认证的支付意愿时，根据调查数据得到表 3.27。由表 3.27 可以看出，对森林认证愿意支付的人数占比 42.7%，不愿意支付的人数占比为 57.3%。因此，愿意支付的人数不到调查人数的一半。说明森林认证的支付意愿较低，还需要进一步建立模型来验证。

表 3.27　支付意愿统计表

变量	愿意	不愿意
人数	64	86
占比（%）	42.7	57.3

另外，在对支付意愿分布情况的调查中，表 3.28 反映了有关变化情况。由此表可以看出，随着支付意愿值的增加，愿意支付的人数呈减少的趋势。尤其是愿意支付 10 元及 10 元以下的人数较多，其他区间的支付人数不是很多，说明大部分人的支付意愿值比较低。

表 3.28　支付意愿值分布表

支付意愿值（元）	人数	占比（%）
1	6	9.4
2	4	6.3
4	3	4.7
5	5	7.8
6	3	4.7
[illegible]	[illegible]	[illegible]
10	8	12.5
20	6	9.4
30	5	7.8
40	4	6.3
50	6	9.4
60	2	3.1
100	3	4.7
200	1	1.6
400	2	3.1
600	1	1.6

续表

支付意愿值（元）	人数	占比（%）
800	1	1.6
900	1	1.6
1 000	2	3.1
合计	64	100.0

（3）影响因素分析。

①建立模型。

上面对成都市森林认证支付意愿调查的各变量进行了描述性统计分析，对整体样本有了初步的了解，下面将建立 Logistic 模型，具体分析哪些变量影响森林认证支付意愿，并且其影响程度如何。下面用 stata 13.0 软件建立模型（见表 3.29）。

分析中，因变量设为 y，表示对森林认证是否愿意支付（1 表示愿意支付，0 表示不愿意支付），用 x 代表自变量，表示影响森林认证支付意愿的不同因素。

表 3.29 模型参数

变量	系数	标准误	z	$p>z$	95%置信水平	
性别 x_1（1＝女，0＝男）	−0.67	0.40	−1.67	0.095	−1.46	0.12
职业 x_2（1＝农民，0＝非农民）	−1.33	0.43	−3.08	0.002	−2.19	−0.49
年均收入 x_3（1＝1.2 万～3.6 万元，0＝其他）	0.69	0.42	2.03	0.042	−0.14	1.52
现状了解程度 x_4（1＝需保护，0＝其他）	0.17	1.05	0.16	0.873	−1.88	2.22
认证了解程度 x_5（1＝很熟悉，0＝其他）	2.08	0.52	3.98	0.000	1.06	3.11
落实情况 x_6（1＝一般熟悉，0＝其他）	0.40	0.46	0.87	0.385	−0.51	1.31

续表

变量	系数	标准误	z	$p>z$	95%置信水平	
必要性 x_7 （1=必要，0=其他）	0.32	0.97	0.33	0.744	−1.59	2.23
支持度 x_8 （1=支持，0=其他）	1.24	0.58	2.13	0.033	0.10	2.39
常量	−1.88	1.03	−1.83	0.067	−3.90	0.14

由表 3.29 可以看出，x_2、x_3、x_5 和 x_8 四个因素的 p 值均小于 0.05，说明这四个变量对森林认证支付意愿的影响都是显著的。同样可以看到，x_1、x_4、x_6 和 x_7 这四个自变量的 p 值均大于 0.05，说明这四个变量对于森林认证支付意愿的影响是不显著的。因此，最终确定的 Logistic 回归模型为：

$$P=\frac{e^{(-1.88-1.33x_2+0.69x_3+2.08x_5+1.24x_8)}}{1+e^{(-1.88-1.33x_2+0.69x_3+2.08x_5+1.24x_8)}} \tag{3.4}$$

另外，表 3.29 中，x_5、x_8 的 z 值比较大，分别为 3.98 和 2.13，说明这两个变量对森林认证支付意愿的影响程度较大。

②分析及结果。

在上述模型中，职业 x_2 的回归系数是负数，年均收入 x_3、森林认证了解程度 x_5 和对森林认证的支持程度 x_8 三个因素的回归系数均为正数。结果表明：职业 x_2 取 $x_2=0$，即职业为“非农民”时，愿意为森林认证支付一定费用；年均收入 x_3 取 $x_3=1$，即年收入为“1.2万~3.6万元”，森林认证了解程度 x_5 取 $x_5=1$，即了解程度“很熟悉”，对森林认证的支持程度 x_8 取 $x_8=1$，即选取“支持”时，愿意为森林认证支付一定的费用。

因此，从每个因素的影响程度来看，年均收入和支持程度对于森林认证支付意愿的影响程度相对较小，两者的贡献度比较低，而森林认证的了解程度对于支付意愿的影响程度最大，为 3.98，说明相比于其他影响因素显得更为重要。

3. 信阳市森林认证支付意愿统计分析

（1）调查方法及样本描述。

本次发放问卷 200 份，总共回收问卷 166 份，有效问卷 123 份，有效率达 74.1%。调查时间为 2016 年 7—8 月。

在本次调查所取得的数据中，男女性别数目基本相同。在调查的家庭人口数中，人口最多的为 3 人，占调查人群的 30.1%，说明调查人群中大部分都为常见的三口之家。在年龄构成中，31～40 岁占据比重最大，其次为 41～50 岁，约占 20%，说明调查人群的年龄段主要为中年人群；在职业方面，企业或公司职工占比近一半，其次为事业单位职工；在教育程度方面，中学（初中和高中）学历占比最高，其次为大学，两者占比之和高达 77.2%；在个人年均收入中，选择 3.6 万～4.8 万元占比最高，为 32.5%，其次为 4.8 万～6 万元，约占 16%。

(2) 变量统计分析。

①认知变量分析。

在森林认证的推广过程中，提高森林认证的认知程度有利于森林认证的推广。其中，对森林资源现状的了解是森林认证认知度的重要组成内容。从对森林资源现状了解情况的统计来看，对现状了解一般的人占比最高，约占 63.4%，其次认为森林资源浪费现象严重，急需保护的约占有效问卷的 24.4%（见表 3.30）。因此，对森林资源现状了解方面，主要为一般了解。

表 3.30　森林资源现状了解情况

变量	浪费现象严重，急需保护	一般，不是亟待保护	没什么必要
人数	30	78	15
占比（%）	24.4	63.4	12.2

对森林认证认知程度的调查方面，一般熟悉森林认证的约占 55.3%，其次为“不熟悉”，约占有效问卷的 39.8%，说明很大一部分人对森林认证的认知程度较低（见表 3.31）。

表 3.31　认知变量分析表

变量		熟悉	一般熟悉	不熟悉
森林认证	人数	6	68	49
	占比（%）	4.9	55.3	39.8

在对森林功能的了解方面，68%左右的受访者知道森林的功能，仅有 5%左右的受访者认为对森林功能不了解。因此，从信阳市的实际调查

来看，对森林现状了解一般的人和对森林功能了解的人占比较高，但对森林认证的认知程度较低。

②态度变量分析。

对森林认证态度的调查主要调查森林认证是否有必要、对森林认证的支持与否。根据表 3.32 的统计数据，在森林认证的支持方面，近乎一半的人选择了支持，约占有效问卷的 49.6％；选择一般支持的约占 35.8％；选择不支持的仅占 14.6％。这说明信阳当地人对于森林认证普遍支持程度比较高。这主要是由于当地政府对林业产业的发展比较重视，一般老百姓都对林业有正面的认识。

表 3.32　支持情况统计表

变量	支持	一般支持	不支持
人数	61	44	18
占比（％）	49.6	35.8	14.6

另外，在对森林认证必要性的调查方面，1/4 的人认为开展森林认证是有必要的，有 56.1％的人认为开展森林认证并不急迫，有 18.7％的人认为森林认证没有必要性（见表 3.33）。

表 3.33　必要性情况统计表

变量	有必要	一般，不是亟待认证	没什么必要
人数	31	69	23
[illegible]	[illegible]	[illegible]	[illegible]

③对森林资源保护的分析。

在对森林资源保护的调查中，本次调查包含了两个部分，一个是考察人们对于森林退化所采取的措施，另一个则是用李克特量表考察森林资源保护的 5 个影响因素。这些因素分别是：对森林退化现状的了解程度，对保护森林资源的措施落实情况，对于森林功能的了解程度，参加森林资源保护培训的意愿，以及对森林资源保护的重要程度的认识。从表 3.34 的调查可以看出，在森林退化所采取的措施中，选择最多的是喝水不用纸杯这一项，超过 1/3 的调查者表示在日常生活中做到了这一项；其次是选择双面使用白纸，有 25.2％的调查者表示自己做到了这一点。

表 3.34　防止森林退化采用的保护措施

措施	选择人数	占比（%）
不用一次性筷子	26	21.1
双面使用白纸	31	25.2
使用再生纸	19	15.4
擦手尽量不使用纸巾	7	5.7
喝水不用纸杯	47	38.2
其他	13	10.6

另外，在对森林资源保护的调查中，表 3.35 反映了有关数据的变化情况。选择了解森林退化的现状约占调查总数的 3.28%；选择森林保护措施落实情况的约占 2.80%；选择对森林功能的了解程度的占 2.87%；选择愿意参加森林资源保护培训的占 2.94%；选择森林资源保护重要程度的认识的占 3.24%。说明在对森林资源保护程度的调查中，了解森林退化的现状和对森林资源保护重要程度的认识所占的比重较大。这对森林认证的发展也有一定的影响作用。

表 3.35　森林资源保护程度的调查

序号	了解程度	占比（%）
1	了解森林退化的现状	3.28
2	森林保护措施落实情况	2.80
3	对森林功能的了解程度	2.87
4	愿意参加森林资源保护培训的	2.94
5	森林资源保护重要程度的认识	3.24

④支付意愿分析。

在对森林认证支付意愿的调查中，表 3.36 反映了相关调查情况。从表中的调查数据可以看出：愿意为森林认证支付的调查者占比为 69.1%，不愿意支付的占比仅为 30.9%。这说明信阳地区的受访者对于森林认证有较高的支付意愿。

表 3.36　支付意愿调查统计表

变量	愿意	不愿意
人数	85	38
占比（%）	69.1	30.9

在对森林认证支付程度的调查中，通过表 3.37 的数据可以发现，随着支付意愿数目的增加，愿意支付的人数呈现出先增加后减少的趋势。在 6～20 元的区间内，被调查者的人数呈上升的趋势；在 20～30 元及 100～1 000 元的支付区间内，支付者人数呈现出较为均匀的分布，但是在 90 元这个额度上，支付者人数最多，达到了 39 人，占愿意支付人数的 45.9%。此外，支付额度为 9 元与 10 元时愿意支付的人数也较多。整体而言，被调查者支付意愿值在有些额度时比较集中，而在其他额度时愿意支付的人数比较少。

表 3.37　支付意愿值分布表

支付意愿值（元）	人数	占比（%）
2	2	2.4
5	2	2.4
6	1	1.2
8	2	2.4
9	12	14.1
[illegible]	[illegible]	[illegible]
20	5	5.9
30	1	1.2
90	39	45.9
100	2	2.4
200	1	1.2
300	1	1.2
1 000	2	2.4
合计	85	100.0

进一步分析森林认证愿意支付的原因，具体的统计见表 3.38。由表 3.38 可以看出：绝大多数被调查者认为对森林认证进行支付是一件保护

森林自然资源的存在的事，占四种原因的 49.4%；其次则是为了吸引游客和保持可持续发展，分别占 21.2%；选择更好地贯彻国家保护政策的人数相对比较少，仅占 8.2%。因此，从调查结果来看，开展森林认证的支付活动，大部分人认为对保护森林资源的存在是有好处的。

表 3.38　愿意进行森林认证支付的原因

愿意支付的原因	选择人数	占比（%）
为了贯彻国家森林保护政策	7	8.2
为了吸引游客和森林旅游观光	18	21.2
为了子孙后代可持续发展	18	21.2
为了保护森林自然资源的存在	42	49.4

另外，对森林认证无支付意愿的原因也进行了调查，具体统计见表 3.39。由表 3.39 可以看出：不愿意支付的最主要原因是担心钱是否真正用于认证，占调查者数目的 52.6%；其次选择对于森林认证并不关心的人数占 26.3%；选择收入有限的人数占 15.8%；最后，选择居住地太远、对我无收益和应该由政府埋单的人数各占 2.6%。因此，增加森林认证支付费用使用的透明度是加强森林认证工作的一项重要内容。

表 3.39　不愿意进行森林认证支付的原因

不愿意支付的原因	选择人数	占比（%）
收入有限	6	15.8
对此事并不关心	10	26.3
远离此地居住，对我无收益	1	2.6
应该由政府埋单	1	2.6
担心钱是否真正用于认证	20	52.6

（3）影响因素分析。

①建立模型。

同样，设 y 为因变量，代表对森林认证是否愿意支付（1 表示愿意支付，0 表示不愿意支付）；x 代表自变量，表示影响森林认证支付意愿的不同因素。收集数据，采用 SPSS 13.0 进行 Logistic 回归分析，具体计算见表 3.40。

表 3.40　模型参数

变量	系数	标准误	z	$p>z$	95%置信水平	
性别 x_1 （1＝女，0＝男）	0.855	0.161	−0.83	0.407	0.591	1.238
职业 x_2 （1＝企事业职工，0＝非职工）	0.769	0.146	−1.38	0.166	0.531	1.115
年均收入 x_3 （1＝3.6 万～4.8 万元，0＝其他）	0.654	0.121	1.92	0.049	0.453	1.144
学历 x_4 （1＝中学，0＝其他）	0.679	0.131	−2.01	0.045	0.465	0.991
对现状了解程度 x_5 （1＝需保护，0＝其他）	0.661	0.120	−1.95	0.048	0.455	1.005
对认证了解程度 x_6 （1＝很熟悉，0＝其他）	1.973	0.399	2.82	0.019	1.165	2.562
落实情况 x_7 （1＝一般熟悉，0＝其他）	2.000	0.403	3.44	0.001	1.347	2.969
必要性 x_8 （1＝必要，0＝其他）	0.716	0.171	−1.40	0.162	0.449	1.144
支持度 x_9 [illegible]	[illegible]	[illegible]	[illegible]	[illegible]	[illegible]	[illegible]
常量	1.349	0.377	1.07	0.285	0.779	2.334

从表 3.40 的计算结果可以看出：x_3、x_4、x_5、x_6、x_7 和 x_9 六个因素的 p 值均小于 0.05，说明这六个自变量对森林认证的影响都是显著的，因而最终的 logistic 回归模型为：

$$P=\frac{e^{(1.349+0.654x_3+0.679x_4+0.661x_5+1.973x_6+2.000x_7+1.741x_9)}}{1+e^{(1.349+0.654x_3+0.679x_4+0.661x_5+1.973x_6+2.000x_7+1.741x_9)}} \tag{3.5}$$

②结果及分析。

从表 3.41 的结果可以看出：年均收入 x_3、学历 x_4、对现状的了解程度 x_5、对森林认证的了解程度 x_6、政策落实情况 x_7 和对森林认证的支持程度 x_9 几个因素的回归系数均为正值。结果表示：年均收入 x_3 取 $x_3=$

1，即收入为“3.6万～4.8万元”时，愿意为森林认证支付一定的费用；学历 x_4 取 $x_4=1$，即学历为“中学”时，愿意为森林认证支付一定的费用；对现状了解 x_5 取 $x_5=1$，即“森林资源需要保护”时，愿意为森林认证支付一定费用；对森林认证了解程度 x_6 取 $x_6=1$，即“很熟悉”时，愿意为森林认证支付一定费用；对落实情况 x_7 取 $x_7=1$，即“一般熟悉”时，愿意为森林认证支付一定费用；对森林认证的支持程度 x_9 取 $x_9=1$，即“支持”时，愿意为森林认证支付一定的费用。这些因素对森林认证具有一定的影响作用，也反映出在森林认证的推广过程中，应加强对这些因素的重视，推动森林认证的发展。

另外，从每个因素影响程度来看，对认证了解程度 x_6、政策落实情况 x_7 和对森林认证支持程度 x_9 对于森林认证支付意愿的影响力相对较大，z 值分别为2.82、3.44和2.61，高于其他变量的 z 值。因此，这两个变量相对于其他影响因素更为重要，其他因素影响力相对较小，变量的贡献度也相对较低。

4. 呼伦贝尔市森林认证支付意愿统计分析

(1) 调查方法。

森林认证针对与森林有关的产品，它通过国家认可的认证机构对公司单位的方方面面进行客观评估，证明其经营活动是否达到可持续经营管理的要求。本次调查在呼伦贝尔市展开。首先，采用问卷调查的方式调查当地居民是否愿意为森林认证支付费用，并收集被调查者们的支付意愿值进行分析。其次，将变量划分为人口统计变量、认知变量及态度变量三大方面，结合描述性统计分析和回归分析，分析各个变量对支付意愿的影响。在分析中，主要采用Logistic回归模型筛选出对森林认证影响显著的因素。最后根据上述分析得出的结论，结合森林认证的现状及存在的问题，提出一些建议，以起到推广森林认证发展、促进林业发展的效果。

(2) 数据收集及样本描述。

本次调查于2016年7月在呼伦贝尔市展开，共发放问卷250份，回收问卷219份，最后经过人工排查，共获得有效问卷141份，有效率达64.4%。

在本次调查的有效样本中，男性比例略高于女性，在家庭结构上，人口数为 3 人的家庭居多；在年龄构成上，处于 41～50 岁年龄段的人员较多，31～40 岁年龄段的人员次之；从职位分布来看，在事业单位的职工和企业公司员工两类的人数占比较高；在受教育程度上，多数受访人员属于大学学历，占到 57.4%以上；在年均收入构成上，年收入 3.6 万元以下的占 30.4%，3.6 万～4.8 万元占 43.4%，4.8 万～6 万元占 16.3%，6 万～8 万元占 7.8%，8 万～10 万元占 0.7%，10 万～12 万元占 1.4%。

(3) 变量统计分析。

①认知变量分析。

表 3.41 反映了森林认证认知的统计情况。表 3.41 的统计结果表明，绝大多数受访者认为目前森林资源浪费现象严重，急需保护，占受访人数的 80.85%。认为森林资源没必要保护的仅占 0.71%，说明受访者对目前森林资源的现状认识比较清楚，绝大部分人认为有必要加强保护。

表 3.41　森林资源现状了解情况

变量	浪费现象严重，急需保护	一般，不是亟待保护	没什么必要
人数	114	26	1
占比（%）	80.85	18.44	0.71

另外，在对森林认证认知情况的调查上，表 3.42 显示了具体的调查结果。

表 3.42　认知变量分析表

变量		熟悉	一般熟悉	不熟悉
森林认证	人数	24	89	28
	占比（%）	17.02	63.12	19.86
森林生态功能	人数	64	73	4
	占比（%）	45.39	51.77	2.84

表 3.42 的调查结果显示，在对森林的功能的了解方面，有 45.39%的受访者对此表示熟悉，51.77%的表示一般熟悉，剩下 2.84%表示对森林功能不熟悉。说明大家对森林功能比较了解，认知程度比较高。

在对森林认证内容的了解方面，只有 17.02%的受访者对森林认证比较熟悉，大多数受访者表示只是听说过森林认证或对森林认证有较少的了解，而19.86%的被调查者不了解或不知道森林认证，表示没有接触过森林认证。说明绝大多数受访者对森林认证不了解，对森林认证基本政策比较陌生，认知度不高。这也是推广森林认证的一大障碍。

②态度变量分析。

在态度变量上，主要考察四个方面内容，即对森林认证的支持与否、森林认证是否有必要、是否愿意参加森林认证的相关培训及森林认证的重要性如何。根据表3.43的统计结果，超过60%的受访者支持森林认证，仅有2.84%的受访者不支持森林认证，说明森林认证得到大部分人的积极支持。这也为今后森林认证工作的顺利开展奠定了一定的基础。

表3.43 支持情况统计表

变量	支持	一般支持	不支持
人数	87	50	4
占比（%）	61.70	35.46	2.84

另外，根据表3.44的统计结果，超过70%的受访者表示开展森林认证工作很有必要，2.13%的被调查者认为开展森林认证没有必要。

表3.44 森林认证必要性情况统计表

变量	有必要	一般，不是亟待保护	没什么必要
人数	105	33	3
占比（%）	74.47	23.40	2.13

在对森林认证培训的调查方面，由表3.45的统计结果可知，有90%以上的被调查者愿意参加培训，仅有3.55%左右的受访者不愿意参加培训。这说明大部分人愿意获得森林认证的相关知识，并愿意参加相关培训。

表3.45 培训意愿统计表

变量	愿意	一般	不愿意
人数	98	38	5
占比（%）	69.50	26.95	3.55

在对森林认证重要性调查方面，表3.46的结果表明，80.85%的受访者认为森林认证重要，18.44%的受访者认为一般，只有0.71%的受访

者认为森林认证不重要。这说明绝大部分受访者支持森林认证的工作。

表 3.46　重要性情况统计表

变量	重要	一般	不重要
人数	114	26	1
占比（%）	80.85	18.44	0.71

③支付意愿分析。

在对森林认证支付意愿的调查方面，表 3.47 反映了相关变化情况。其中对森林认证愿意支付的人数占比为 67.38%，不愿意支付的人数占比为 32.62%，说明绝大部分受访者对森林认证愿意支付一定的费用。

表 3.47　支付意愿统计表

变量	愿意	不愿意
人数	95	46
占比（%）	67.38	32.62

另外，在支付意愿值的调查方面，表 3.48 的统计结果表明：随着支付意愿值的增加，愿意支付的人数呈先增加后减少的趋势。其中，愿意支付 100 元/年及 200 元/年的人数较多，而愿意支付 1 元/年和 1000 元/年的人数较少。总体来看，受访者的支付意愿值偏低。

表 3.48　支付意愿值分布表

支付意愿值（元）	人数	占比（%）
5	3	3.16
10	2	2.11
20	1	1.05
30	2	2.11
50	7	7.37
60	4	4.21
70	2	2.11
80	4	4.21
100	21	22.11
200	16	16.84

续表

支付意愿值（元）	人数	占比（%）
300	11	11.58
400	6	6.32
500	9	9.47
600	2	2.11
700	2	2.11
1 000	2	2.11
总计	95	100.00

（4）影响因素分析。

①建立模型。

同样，根据 Logistic 回归模型，收集相关数据，以 y 代表对森林认证是否愿意支付（1 表示愿意支付，0 表示不愿意支付）；x 代表影响森林认证支付意愿的因素。采用 SPSS 13.0 软件进行回归，计算的模型参数见表 3.49。

表 3.49　模型参数

变量	系数	标准误	z	$p>z$	95%置信水平	
性别 x_1（1=女，0=男）	0.997	0.415	−0.01	0.995	0.442	2.253
职业 x_2（1=企事业职工，0=非职工）	0.612	0.298	−1.01	0.313	0.236	1.589
年均收入 x_3（1=3.6 万～4.8 万元，0=其他）	1.698	0.726	1.24	0.215	0.735	3.927
学历 x_4（1=大学，0=其他）	1.253	0.550	0.51	0.607	0.530	2.961
现状了解程度 x_5（1=需保护，0=其他）	0.744	0.408	−0.54	0.590	0.254	2.180
认证了解程度 x_6（1=很熟悉，0=其他）	3.233	2.636	1.44	0.150	0.654	15.980

续表

变量	系数	标准误	z	$p>z$	95%置信水平	
落实情况 x_7 （1=一般熟悉，0=其他）	2.339	1.014	1.96	0.050	1.000	5.469
必要性 x_8 （1=必要，0=其他）	1.080	0.553	0.15	0.880	0.396	2.946
支持度 x_9 （1=支持，0=其他）	3.696	1.785	2.71	0.007	1.434	9.522
常量	0.775	0.473	−0.42	0.676	0.235	2.561

由表 3.49 的计算结果可以看出，x_7 和 x_9 两个因素的 p 值小于等于 0.05，说明这两个变量对森林认证支付愿意的影响是显著的，具有统计学意义。因此，最终确定的 Logistic 回归模型为：

$$P=\frac{e^{(0.775+2.339x_7+3.696x_9)}}{1+e^{(0.775+2.339x_7+3.696x_9)}} \tag{3.6}$$

在自变量的影响程度上，支持度 x_9、落实情况 x_7 的 z 值分别为 2.71 和 1.96，说明这两个变量对森林认证支付愿意的影响程度较大，而必要性 x_8 等变量的 z 值较小，其影响程度等也较小。

②结果及分析。

在上述模型中，政策落实情况 x_7 和对森林认证的支持程度 x_9 两个因素的回归系数均为正值，说明落实情况 x_7 取 $x_7=1$，即“一般熟悉”时，愿意为森林认证支付一定的费用；对森林认证的支持程度 x_9 取 $x_9=1$，即“支持”森林认证时，愿意为森林认证支付一定费用。从每个因素的影响程度来看，森林认证支持程度对于森林认证支付意愿的影响力相对较大，具体的 z 值最大，为 2.71。因此，森林认证的支持程度对森林认证支付愿意的影响程度最大，在森林认证推广过程中也应充分重视这一因素。

（六）结论与建议

1. 研究结论

本研究通过对福州、成都、信阳和呼伦贝尔森林认证市场的实地调查，并通过对调查数据的统计分析后得出结论如下。

（1）被调查者对不同地方的森林资源现状及森林功能的了解程度明

显高于对当地森林认证的了解程度，包括森林认证的内容和政策制度等。目前，通过对 4 个地方的森林认证市场的调查发现：各地对森林认证的认知度还远远不够，森林认证并没有得到普及和广大民众的了解。调查还发现多数人认同、支持森林认证，并愿意参加森林认证的相关讲座和培训。这些支持一定程度上有利于促进森林认证的快速发展，为森林认证机构相关工作的开展提供动力，也为森林认证的管理和发展奠定一定的基础。

(2) 认知变量（对森林认证的了解程度、森林资源现状了解程度、对森林认证政策了解程度、对森林功能的了解程度）和态度变量（支持森林认证、认为森林认证有必要、森林认证重要性和参加培训的意愿）都与森林认证支付意愿存在显著的相关关系。虽然不同地方略有差异，但总体来说，森林认证的支付意愿与认知变量、态度变量存在相关关系。这对森林认证的发展和管理具有重要的意义和作用，在分析森林认证支付意愿的影响因素时应予以充分的重视。

(3) 运用 Logistic 模型分析发现，对森林认证的支持程度对支付意愿的影响程度最大。或者说对森林认证的了解程度及支持程度对支付意愿的影响最显著。因此，若想加强森林认证的发展，主要应该从这两个方面采取措施。即加强宣传和教育，提高公众对森林认证的了解程度和支持程度，促进森林认证的发展。

2. 建议

根据上述结论，特提出如下建议。

(1) 优化运营模式，满足客户需求。

森林认证机构在开展工作时往往考虑问题的范围比较宏观，许多时候主要考虑国家的政策支持，在和客户交流时没有具体从经济利益上考虑客户的需求，让客户坚信森林认证会为他们带来经济效益和提升社会地位。因此，森林认证机构应有针对性地开展工作，转换角度，站在客户的立场上考虑问题，考虑如何帮助客户科学、稳定和快速发展，制定一套符合企业自身发展的森林认证机制。

(2) 大力开展特色宣传活动，扩大森林认证认知度。

根据 Logistic 回归模型，研究发现对森林认证的支持程度对支付意愿的影响力是最大的。所以，要想提高人们的支付意愿，必须以提高人们对森林认证认知度为前提，并采取措施努力让更多人熟悉森林认证。

因此，认证机构应与政府部门多合作，并加大宣传力度，提高森林认证意识。值得注意的是，要对症下药，根据对象的不同特性，采用恰当的宣传方式与手段，以达到事半功倍的效果。其中，针对农民对森林认证了解程度不高和对森林认证的重要性认识不足，应重点加强对林区农民的宣传教育，并要求相关部门单位采用更加有效的宣传手段，比如举办主题活动、电视广播趣味广告等，将枯燥乏味的内容形象生动化，以加深印象，便于理解，落实行动。

（3）适当选择对象提供补助，鼓励人们借鉴学习。

在调查人们为推行森林认证而愿意接受的支持费用时，大多数调查者认为越多越好。而且研究发现，收入水平是影响人们支付意愿的一大因素，因而政府可以在物质经济方面适当地提供资助，以调动当地居民开展森林认证的积极性。具体可以根据一定标准来选择补助对象，比如那些对实行森林认证有突出贡献的，可以进行经济或者精神上的奖励，以鼓励周围更多人参与此项工作。对那些在实施过程中遇到一些困难的，政府可以根据实际情况提供相应资助，以方便他们解决困难，促进森林认证事业的发展。

第四章　中国森林认证体系与生态环境服务

本章主要介绍了森林认证这一概念引入我国后在中国的发展进程，包括森林认证的发展现状及其情况；同时介绍了我国的森林认证体系，包括森林认证管理委员会和森林认证标准体系；进而对其中的自然保护区和森林公园生态服务标准进行了详细的介绍；最后介绍了森林认证的影响。

一、中国森林认证进程

国内一批研究国际森林问题的专家首先将森林认证引入我国。1995 年，中国林业科学研究院成立了林业可持续发展研究中心；1996 年起，我国政府派专家出席了国外召开的关于森林认证的国际专家会议；2000 年起中国林业科学研究院、中国社会科学院和国家林业局相继展开了森林认证的研究；2001 年 5 月 15 日，世界银行和世界自然基金会联盟发起并资助的森林认证工作组正式成立，为配合这个工作组而专门开展的 WWF 森林认证项目也正式启动，是国内第一个与森林认证有关的科研项目，对于推动中国森林认证的进程发挥了很大的促进作用。

从我国各地区来看，2001 年，浙江省临安市昌化林场经营的 940 公顷林地通过 FSC 森林经营认证，成为我国最早获 FSC 森林经营认证的森林经营单位。2005 年，黑龙江省友好林业局和吉林省白河林业局先后通过 FSC 森林经营认证，认证面积增加到了 43.15 万公顷，较 2004 年增加了 6 倍。2013 年 12 月，我国获 FSC 森林经营认证 48 家，认证森林 257.89 万公顷（见图 4.1）。

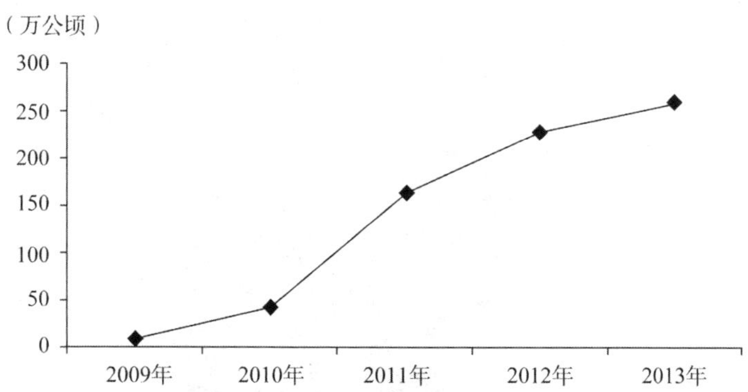

图 4.1　我国认证森林面积变化

至 2016 年，我国认证森林分布于华南（广东、广西）地区（认证单位 12 家，认证森林 647.24 万公顷，占认证森林总面积的 25.1%）、东北（黑龙江、吉林）地区（认证单位 9 家，认证森林 489.43 万公顷，占 19%）、华东（浙江、福建、江西、江苏）地区（认证森林 1 373 847.18 万公顷，占 53%）（见图 4.2）。

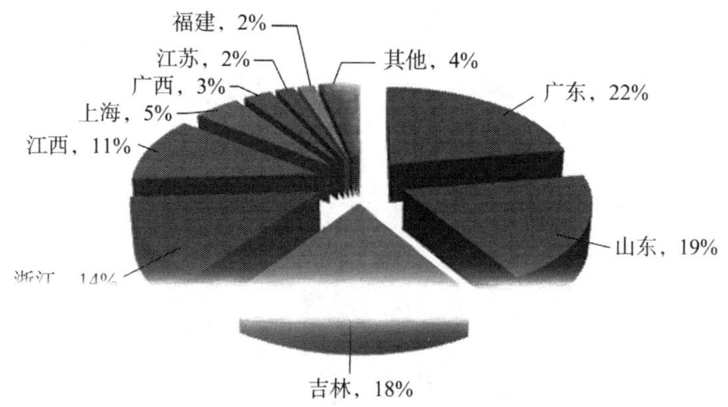

图 4.2　我国认证森林地区分布图

2010 年 12 月，辽宁抚顺林业局经营的 2.6 万公顷森林通过 CFCC 森林认证。至 2016 年已有 22 家森林经营单位的 430.91 万公顷森林通过 CFCC 认证（见图 4.3、图 4.4）。

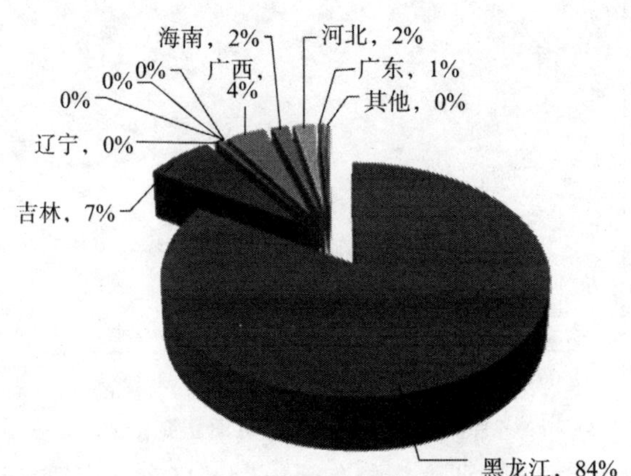

图 4.3　CFCC 认证森林地区分布图

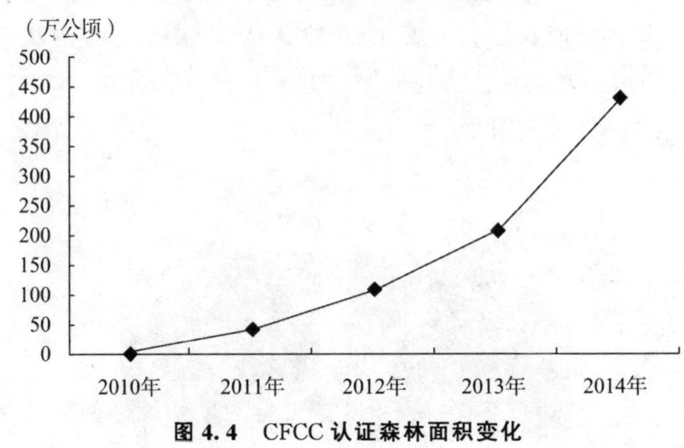

图 4.4　CFCC 认证森林面积变化

二、中国森林认证体系

（一）森林认证体系

中国森林认证管理委员会由技术委员会和争议调解委员会构成（见图 4.5）。其中，技术委员会下含森林认证标准制修订工作组，负责森林认证标准的制定和修订。技术委员会、争议调解委员会，加上森林认证管委会秘书处，构成了中国森林认证机构，由中国合格评定国家认可委员会（CNAS）管理。

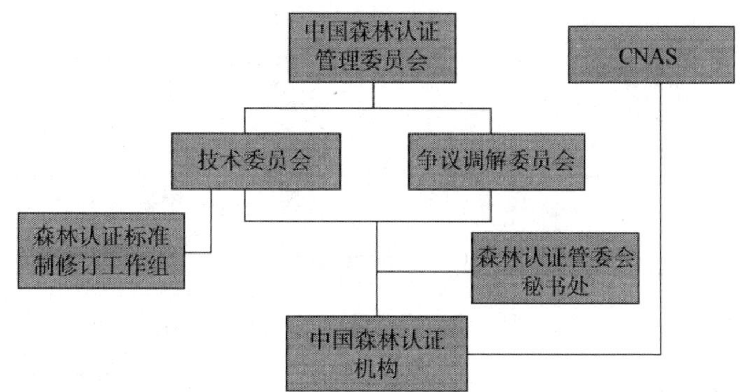

图 4.5　中国森林认证体系

中国森林认证标准体系可以分为四大类（见图 4.6），其中第一类包括森林经营认证、人工林经营认证、竹林经营认证和非木质林产品经营认证；第二类为产销监管链认证；第三类包括森林公园生态环境服务认证、森林生态环境服务自然保护区，目前，该类认证开展较多，后文主要介绍此类认证；第四类则包括生产经营性珍稀濒危植物经营和生产经营性珍贵濒危野生动物经营。具体标准编号及名称见表 4.1。

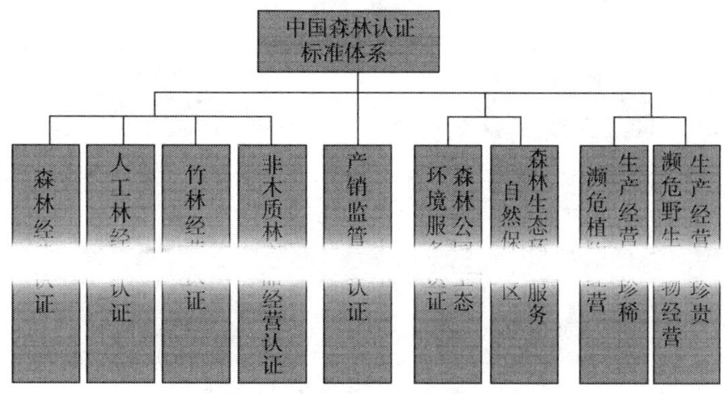

图 4.6　中国森林认证标准体系

表 4.1　中国森林标准表

编号	标准编号	标准名称
1	GB/T 28951－2012	《中国森林认证　森林经营》
2	LY/T 2272－2014	《中国森林认证　人工林经营》
3	LY/T 2275－2014	《中国森林认证　竹林经营》

续表

编号	标准编号	标准名称
4	LY/T 2273—2014	《中国森林认证　非木质林产品经营》
5	GB/T 28952—2012	《中国森林认证　产销监管链》
6	LY/T 2277—2014	《中国森林认证　森林公园生态环境服务》
7	LY/T 2239—2013	《中国森林认证　森林生态环境服务　自然保护区》
8	LY/T 2602—2016	《中国森林认证　生产经营性珍稀濒危植物经营》
9	LY/T 2279—2014	《中国森林认证　生产经营性珍贵濒危野生动物饲养管理》

中国森林认证标准可以分为认证审核导则和认证操作指南两大类，认证咨询机构根据认证审核导则和认证操作指南与森林经营、加工贸易单位进行认证，认证机构根据认证审核导则对森林经营、加工贸易单位进行认证审核（见图 4.7）。

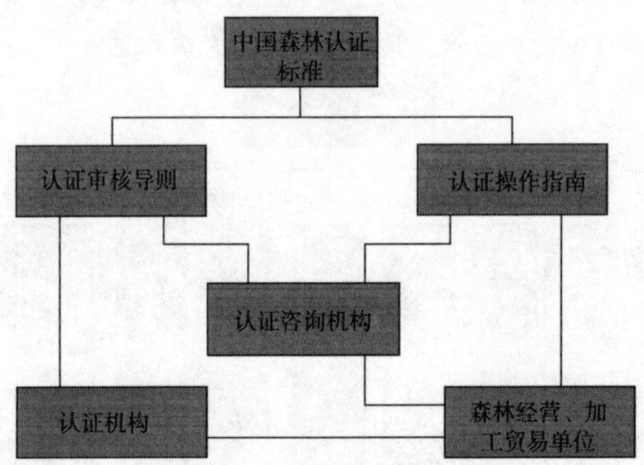

图 4.7　森林认证标准体系运行机制

（二）森林生态环境服务——自然保护区

《中国森林认证　森林生态环境服务　自然保护区》（LY/T 2239—2013），由北京林业大学崔国发等起草，主要包括一级指标 7 个，二级指标 35 个，三级指标 108 个。在 7 个一级指标中，5 个为自然保护区基本要求，1 个为旅游要求，另外 1 个为周边社区要求（见图 4.8）。

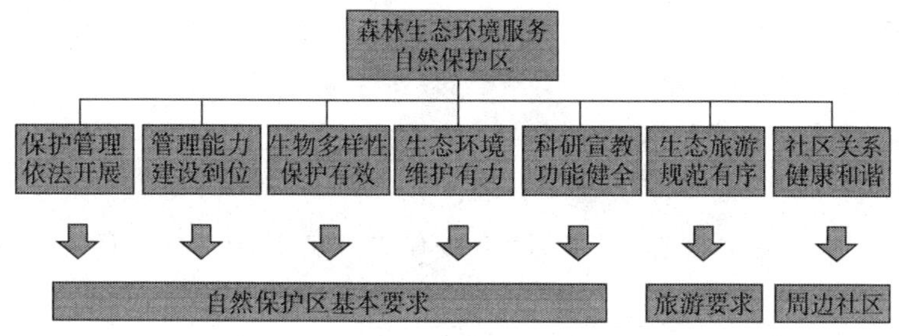

图 4.8　森林认证标准——自然保护区

除了 7 项要求外，该标准还包括三项附录：附录 A（资料性附录），为国家相关法律法规和部门规章；附录 B（资料性附录），为国家保护物种名录、国家和行业标准；附录 C（资料性附录），为国家签署的相关国际公约和双（多）边协定。

1. 保护管理依法开展

保护管理依法开展的要求如图 4.9 所示。

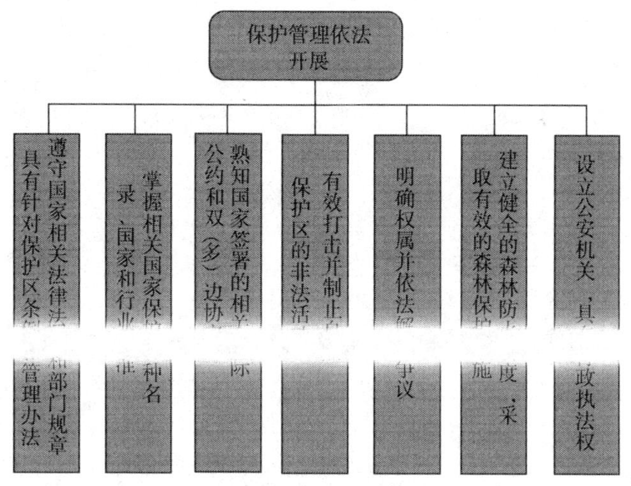

图 4.9　保护管理体系

2. 管理能力建设到位

管理能力的建设包括七项要求：规划科学，计划可行；机构设置合理，管理制度到位；人员编制合理；各项经费管理到位；设施设备齐全；保障职工安全；保障职工权益。

3. 生物多样性保护有效

生物多样性的有效保护包括五项要求：自然保护区范围和面积界定清楚，主要功能区处于自然状态；人类活动控制与野外巡护工作到位；

采取切实有效的保护措施，保护成效显著；严格控制外来物种的引入，有效控制入侵物种的蔓延和危害；遗传多样性保护措施得当。

4. 生态环境维护有力

生态环境的维护包括五项要求：有效控制空气污染；有效控制地表水污染；有效控制固体废弃物污染；有效控制土壤侵蚀；有效控制声和光污染。

5. 科研宣教功能健全

科研宣教功能的完善包括四项要求：生物多样性监测体系健全；开展生态产品计测工作；发挥科研平台作用；科普宣教工作全面。

6. 生态旅游规范有序

该要求仅对开展旅游活动的自然保护区进行审核，主要包括四项：规范开展生态旅游；旅游基础设施和商业经营活动不危害主要保护对象；具有配套的生态旅游解说系统；保障游客安全。

7. 社区关系健康和谐

该项仅对具有周边社区的自然保护区进行审核，主要包括三项：保障周边居民生命和财产安全；应尊重和维护周边居民的传统生活方式；建立良好的社区关系。

（三）中国森林认证——森林公园生态环境服务

《中国森林认证　森林公园生态环境服务》（LY/T 2277－2014），由北京林业大学崔国发等起草，主要内容包括一级指标 6 个，二级指标 32 个，三级指标 101 个。

与自然保护区的要求类似，除了 6 个一级指标外，森林公园生态服务也包括四项附录：附录 A（资料性附录），为禁止和严格使用的化学品文件；附录 B（资料性附录），为国家相关法律法规和部门规章；附录 C（资料性附录），为国家和行业标准。

森林公园生态环境服务要求主要包括六项（见图 4.10）。

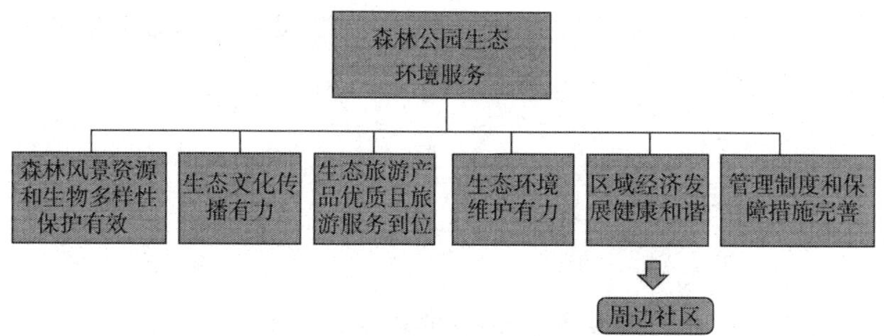

图 4.10　森林公园生态环境服务要求

1. 森林风景资源和生物多样性保护有效

森林风景资源和生物多样性的保护包括六项要求：进行合法有序的规划建设；保护森林公园内生物和景观资源；森林植被保护措施得当；珍稀、濒危和国家重点保护野生动植物得到有效的保护；控制外来物种的引入和转基因物种的使用；开展资源调查和监测工作。

2. 生态文化传播有力

生态文化的传播包括四项要求：科普教育服务设施完善；生态文化宣传途径多样；解说服务系统健全；生态文化宣传内容充实。

3. 生态旅游产品优质且旅游服务到位

生态旅游产品和服务的完善包括三项要求：生态旅游产品丰富多样；生态旅游服务设施完善；生态旅游服务软件健全。

4. 生态环境维护有力

生态环境的维护包括六项要求：有效控制空气污染；有效控制地表水污染；有效控制固体废弃物污染；有效控制土壤侵蚀；有效控制声和光污染；严格控制使用化学品。

5. 区域经济发展健康和谐

该要求仅对存在周边社区关系的森林公园进行审核，主要包括三项：尊重周边社区居民的传统生活方式；与周边社区建立有效的沟通协商机制；促进区域经济的发展。

6. 管理制度和保障措施完善

管理制度和保障措施的完善包括十项要求：备有并组织培训学习国家的法律法规和部门规章；备有并组织培训学习国家和行业标准；明确权属并依法解决争议；依法缴纳税费和核定票价；建立健全的经营管理机构；制订切实可行的管理制度和工作计划；制定健全的森林防火和病

虫害防治管理体系；采取必要的人员安全防护措施；基础设施完善；保障职工权益。

三、森林认证的影响

中国森林认证的影响泛指由于开展森林认证活动带来的各种变化，既包括森林认证的实地影响，也包括宏观方面对宏观林业政策、政治和社会方面产生的影响或效益。这里分为对于企业经济效益的影响、对于林业可持续经营的影响，以及对社会效益的影响。

1. 对企业经济效益的影响

森林认证对于企业的影响主要表现为，林业企业通过森林认证活动，可以取得一定的经济效益、生态效益、社会效益。但是企业在短期内，利润可能因为森林认证而下滑。但是在长期内，企业仍然会取得更高的利润，且企业可以通过森林认证活动使林产品在国际市场上受到认可，获得更大收益。

2. 对林业可持续经营的影响

（1）对环境保护的影响。

森林认证可以促进保护水资源、土壤等独特而脆弱的生态系统和生物多样性、濒危物种及其生境，对生态环境保护产生影响（吕爱华等，2013）。

（2）对林业发展的影响。

通过森林认证，林业企业能够获取更多的财政和技术支持，从而获得降低投资风险等巨大的市场效应，同时还能减少林业可持续发展实践过程中的冲突行为（陆文明，2001）。

3. 对社会效益的影响

开展森林认证活动，有利于保障当地社区对森林的所有权与使用权并为其提供更好的设备和培训计划（钟晓云等，2011），有助于增加当地居民就业和其他服务的机会，尊重当地居民和原住居民的传统和法定权利，同时保障认证林区职工的健康、安全与福利，维护职工合法权益，缓解经营企业与周边社区的矛盾。

第五章　森林经营认证标准解读

我国森林认证标准可以分为四大类，而森林经营认证标准则与人工林经营认证、竹林经营认证和非木质林产品经营认证同属于我国森林认证标准四类中的第一类。本章对于《中国森林认证森林经营》（GBT 28951—2012）进行了解读，包括森林经营认证标准结构的分析及对于森林经营认证标准的 9 项原则进行解读。

一、森林经营认证标准的结构

（一）编制原则

编制的原则如下：

（1）合法性原则。

（2）渐进性原则。

（3）[illegible]

（4）可行性原则。

（5）系统性原则。

（6）多方参与性原则。

（二）结构框架

森林经营认证标准由 9 项原则、46 个标准和 148 个指标所组成。

1. 原则

森林经营认证标准是森林可持续经营的基本规则或要求，也是森林可持续经营的总体框架。作为实现森林可持续经营总体目标的具体要求，涵盖森林可持续经营的所有方面；但不包括前提条件和检测措施。

2. 标准

标准用语规定和准确描述每个原则的关键要素和要求，是在原则下制定，反映了森林生态系统或社会系统的某种结果、状态或动态，不应超出或偏离原则的范围或要求；但比原则更具体、明确，可与指标联系。

3. 指标

指标用于评估标准的可以客观测定和评估测定的定量和定性的变量，可分为投入指标、过程指标和结果指标或定量指标和定性指标。

对于指标的要求，包括：指标必须是可检测和评估的；指标应叙述明确，不能产生异议；指标的评估结果应具有一致性。

二、森林经营认证标准解读

森林经营认证标准包括 9 项原则。

（一）国家法律法规和国际公约

森林经营单位应遵守国家的法律法规，尊重国家签署的国际公约和协议。

1. 内容概要

该原则要求所有森林经营单位应遵守法律，虽然认证的目的并不是评价森林经营的合法性，但认证机构会与政府及其他利益相关者一同，审核经营作业是否在合法的前提下以负责任的方式开展经营活动，从而从法律角度促进经营作业的实质改进。

在审核过程中，审核员将会指出与国家法律、认证原则与标准、国际协议或公约相抵触的经营活动。

一般这种情况很少出现，如果有冲突则需要认证申请单位、认证机构与审核员共同协商，将问题反馈给国家林业局和国家认监委，寻找解决方案。

2. 内容解读

（1）遵守国家相关法律法规。

森林经营单位备有现行的国家相关法律法规文本，包括《中华人民共和国森林法》《中华人民共和国森林法实施条例》等。要求：森林经营符合国家相关法律法规的要求，森林经营单位的管理人员和员工掌握国家相关法律法规的相关要求，曾有违法行为的森林经营单位已依法采取措施及时纠正，并记录在案。

①标准要求。

要求森林经营单位不仅要遵守中国的法律，还要遵守我国已经签署的相关国家协议；要求森林经营单位备有现行的国家和地方有关法律法规文本，并及时向管理人员和职工传达与其责任相关的法律法规。

对于存在的不合法行为，森林经营单位应及时采取改正措施，直到符合法律要求为止，并将有关资料存档备案。

②认证准备要点。

与森林经营相关法律法规文本及国家和地方政策文本，特别是外商林业投资、天保工程和分类经营中的相关政策；保证法律法规的有效实施而采取的具体措施；森林经营单位如果存在违法经营行为，应提交原始记录。

③审核检查要点。

审核员会查看森林经营单位存档的国家法律法规文本，并询问林场是否存在违法行为。

（2）依法缴纳税费。

森林经营单位相关工作人员了解所需缴纳的税费，依法按时缴纳税费。

①标准要求。

森林经营单位应按期缴纳依法规定的各种税和费。例如：营业税、增值税、育林基金、上缴税金和利润、费用；以合同为依据上缴的职工福利费：养老失业金、养老保险等；购买物质和生产资料的费用；知识产权使用费：使用技术和管理手段后按合同应支付的费用。

②认证准备要点。

森林经营单位需要缴纳的税费种类清单及年度纳税情况和各种完税证明。

③审核检查要点。

审核员会查看森林经营单位的缴费票据证明，向财务负责人询问缴费相关事宜：缴费种类、上缴时间等。

（3）依法保护林地，严禁非法转变林地用途。

占用、征用林地和改变林地用途符合国家的相关法律规定，并具有相关部门的审批文件；改变林地用途未破坏森林生态系统的完整性和造成森林的破碎化。

①标准要求。

占用、征用林地和改变林地用途相关部门的审批文件；改变林地用途未破坏森林生态系统的完整性和造成森林的破碎化的证明材料。

②认证准备要点。

占用、征用林地和改变林地用途符合国家的相关法律规定，应当准备相关部门的审批文件。

③审核检查要点。

审核员会查看森林经营单位是否存有占用、征用林地和改变林地用途符合国家的相关法律规定及相关部门的审批文件，经营者是否了解相关内容，所有技术、管理和操作人员应通过自学或培训，了解相关内容及要求。

（4）遵守国家签署的相关国际公约。

森林经营单位遵守国家所签署的与森林经营相关的国际公约和协议的相关条款。

①标准要求。

森林经营单位应备有国家签署的与森林经营相关的国际公约；森林经营符合国家签署的与森林经营相关的国际公约。

其中国家公约涉及：林业、环境、人工饲养猎物/狩猎/渔业、生物控制、劳工、健康和安全、财政及贸易等。

②认证准备要点。

有关国际公约的中文文本；了解公约内容并在实际森林经营中加以实施。

③审核检查要点。

审核员会查看森林经营单位是否存有相关国际公约中文文本，以及职工是否了解相关内容，所有技术、管理和操作人员应通过自学或参加有关国际公约的培训，了解公约内容及要求。

(二) 森林权属

森林、林木和林地的长期所有权或使用权应明确界定、建档，并形成法律文件。

1. 内容概要

该原则指出申请认证的森林经营单位应明确森林资源的长期使用权和所有权、土地的使用权和所有权。为保证森林经营单位能够对林地进行长期的经营管理，必须具有使用或拥有该林地的法律凭证——林权证，同时也确保该林地能够长期存在。森林经营单位有责任采取正面积极的方式，与当地社区及个人通过谈判及联合经营管理或森林资源共享等形式保护森林。

2. 内容解读

(1) 森林权属明确。

森林经营单位具有县级以上人民政府或国务院林业主管部门核发的林权证，确认林地、林木和森林的所有权和使用权。承包者或租赁者有相关的合法证明，如承包合同书和租赁合同等。森林经营单位有明确的边界，并标记在地图上。

①标准要求。

县级以上人民政府或国务院主管部门核发的林权证。

合法证明文件包括：林权证、合作协议、承包或租赁合同等。

②认证准备要点。

提供相关合法证明文件，说明林地及森林权属的性质（集体林或是合作经营）；长期（至少是一个轮伐期）拥有相关权利；明确林区边界的证明文件。

③审核检查要点。

审核时，审核员会检查森林经营单位是否具有林地权属的合法性证明文件。

(2) 依法解决有关森林、林木和林地所有权及使用权方面的争议。

森林经营单位在处理有关森林、林木和林地所有权及使用权的争议时，应符合《林木林地权属争议处理办法》的要求。现有的争议和冲突未对森林经营造成严重的负面影响。森林权属争议或利益争端对森林经营产生重大影响的森林经营单位不能通过森林认证。

①标准要求。

应符合《林木林地权属争议处理办法》的要求。

未对森林经营造成严重的负面影响。

②认证准备要点。

提供依法解决处理有关森林、林木和林地所有权及使用权方面产生争议的文件、记录或协议或案件卷宗。提供现有的争议和冲突的情况报告或对森林经营造成影响程度的评估报告。

③审核检查要点。

审核时，审核员查阅有无林地使用权争议，如有按《林木林地权属争议处理办法》要求及指标要求处理。

(三) 当地社区和劳动者权利

森林经营单位应承认当地社区使用与经营土地和资源的法定权利，尊重当地居民的风俗习惯，并维护和提高劳动者及当地社区长期的社会和经济利益。

1. 内容概要

森林经营者应通过一系列措施，使林地工人和社区居民在经济、健康安全等方面有所受益。不仅要求经营者有促进当地经济发展的主观愿望，还要求他们在力所能及的范围内开展一些有利于社区居民的实际工作。如为社区居民提供就业机会、开展培训教育、提供安全保障措施和相应设施等；制订经营规划时虚心听取社区居民的意见，并采纳相关建议；开展负责任的采伐作业，保护历史文化或考古场所；对经营作业带来的损失给予一定补偿等。

大规模经营活动的影响范围广、受影响人数多，审核员会比较关注，因此需要森林经营单位建立相应的与当地社区合作的关系，这一点很重要。

2. 内容解读

(1) 为林区及周边地区的居民提供就业、培训与其他社会服务的机会。

森林经营单位为林区及周边地区的居民提供就业、培训与其他社会服务的机会；森林经营单位为林区及周边地区提供必要的交通和通信等基础设施。

①标准要求。

森林经营单位为林区及周边居民（尤其少数民族）提供就业、培训和其他社会服务的机会；帮助林区及周边地区（尤其少数民族地区）进行必要的交通和通信基础设施建设。

②认证准备要点。

制定为当地社区提供就业、培训和其他服务（教育、医疗、电视等）的相关政策；雇用社区居民参与森林经营活动的证明材料，包括采伐、抚育、造林、育苗等雇用合同、培训记录等。

③审核检查要点。

审核员会检查森林经营单位是否具有为当地居民提供就业、培训与其他社会服务的机会的相关政策以及相关行动。同时还要对当地居民进行实际访谈以确认这一情况。与森林资源规模相配套的基础设施、辅助设施建设和社区项目，如为社区居民建医疗诊所、教育和培训设施等，以缓解或避免森林经营给社区居民带来的负面影响。

（2）遵守有关职工劳动和安全方面的规定，确保职工的健康与安全。

按照《中华人民共和国劳动法》《中华人民共和国安全生产法》和其他相关法律法规的要求，保证职工的健康与安全。按国家相关法律规定，支付劳动者工资和提供其他福利待遇，如社会保障、退休金和医疗保障等。保障从事森林经营活动的劳动者的作业安全，配备必要的服装和安全保护装备，提供应急医疗处理和进行必要的安全培训。

①标准要求。

按照相关法律法规，支付劳动者工资和提供其他福利待遇，如社会保障、退休金和医疗保障等；保障劳动者的安全，配备必要的作业服和安全保护装备，提供应急医疗处理并进行必要安全培训。

②认证准备要点。

是否编制安全操作指南，在上岗前提供安全作业及相关急救知识培训；为工人作业配备必需的工具、机器设备以及防护装备，并妥善保管，保证其可用。例如，油锯工所必需的防护用品。

③审核检查要点。

如果发现未达要求项，会被视为较严重问题。现场向员工了解他们的安全防护装备和他们所掌握的安全知识及对安全政策、指南的了解。

(3) 保障职工权益，鼓励职工参与森林经营决策。

通过职工大会、职工代表大会或工会等形式保障职工的合法权益。采取多种形式，鼓励职工参与森林经营决策。

①标准要求。

是否有职工大会、职工代表大会或工会等形式，并采用多种形式，鼓励职工参与森林经营决策。

②认证准备要点。

职工参与森林经营决策的具体途径、方式；职工是否成立了相关组织，如工会、职工代表大会等；森林经营单位处理职工意见的相关制度及具体方法。

③审核检查要点。

审核员会了解管理者和员工进行沟通的方式，并查看意见及沟通记录。

森林经营单位应做到：设专职联络员，负责与工人和工会组织进行联系；收集员工意见和投诉，并与员工就所反映的问题进行平等沟通，积极客观地对待工人和工会组织提出的问题；发生冲突应采取共同协商、多数同意的解决方法，并记录存档。

(4) 不得侵犯当地居民对林木和其他资源所享有的法定权利。

森林经营单位采取适当措施，防止森林经营直接或间接地破坏当地居民的资源和影响其使用权。如当地居民自愿把资源经营权委托给森林经营单位，双方应签订明确的协议或合同。

①标准要求。

森林经营单位应采取适当措施，防止森林经营直接或间接破坏当地居民的林木及其资源，以及影响其对这些资源的使用权。当地居民自愿把资源经营权委托给森林经营单位时，双方应签订明确的协议或合同。

②认证准备要点。

与当地居民就森林经营权达成的书面协议，如林地租赁、合作经营等协议文件；建立对当地居民合法利益进行保护的政策并对当地居民公示；建立当地居民利益纠纷问题的处理机制；对所出现的纠纷和处理方法及时存档。

③审核检查要点。

审核员会对森林经营单位是否尊重了当地居民的合法利益进行检查，包括就森林经营控制权达成的书面协议、当地居民的利益保护政策、纠纷问题的处理机制。同时也会现场向当地居民核实其是否了解有关的政策。

（5）在需要划定和保护对当地居民具有特定文化、生态、经济或宗教意义的林地时，应与当地居民协商。

在需要划定对当地居民（尤其是在少数民族聚居区）具有特定文化、生态、经济或宗教意义的林地时，与当地居民协商并达成共识。采取措施对上述林地进行保护。

①标准要求。

在需要划定对当地居民（尤其是少数民族）具有特定文化、生态、经济或宗教意义的林地时，应与当地居民协商并达成共识；应采取措施对上述林地进行保护。

②认证准备要点。

标注上述林地的地图及现场的界定标志；针对上述林地制定特殊保护措施。

③审核检查要点。

审核员应检查森林经营单位是否对当地居民具有特定文化、生态、经济或宗教意义的林地进行了划定，以及划定方法和相关保护政策和措施；对于已经存在的具有特定意义的林地，审核员将按照地图进行现场踏查。

（6）在保障森林经营单位合法权益的前提下，尊重和维护当地居民传统的或经许可的进入和利用森林的权利。

在不影响森林生态系统的完整性和森林经营目标实现的前提下，尊重和维护当地居民传统的或经许可的进入或利用森林的权利，如森林采集、游憩、通行、环境教育等。对某些只能在特殊情况下或特定时间内可以进入和利用的森林，做出明确规定并公布于众。

①标准要求。

森林经营单位应尊重和维护当地居民（尤其是少数民族）传统的或

经许可进入和利用森林的权利，如非木质林产品的采集、森林游憩、通行、环境教育等。对某些只能在特殊情况下或特定时间才可以进入和利用的森林，森林经营者应做出明确规定并公布于众（尤其是少数民族地区）。

②认证准备要点。

与当地居民进行协商以明确当地居民利用森林的传统习惯；制定对这种习惯进行保护的政策并公示。

③审核检查要点。

检查森林经营单位的有关政策；现场了解当地居民的这些权利是否得到保护。

(7) 在森林经营对当地居民的法定权利、财产、资源和生活造成损失或危害时，森林经营单位应与当地居民协商解决，并给予合理的赔偿。

采取适当措施，防止森林经营对当地居民的权利、财产、资源和生活造成损失或破坏。在造成损失时，主动与当地居民协商，依法给予合理的赔偿。

①标准要求。

森林经营单位应采取适当措施，防止森林经营对当地居民的权利、财产、资源和生活造成损失或危害。在造成损失时，主动与当地居民协商，依法给予合理的赔偿。

②认证准备要点。

建立与当地居民的协商与沟通机制；制定处理意见、争议及相关赔偿程序和制度；对上述协商、处理方法和相关赔偿进行记录。

③审核检查要点。

审核员主要了解当地村民权益有无受到损害、是否采取合理措施解决问题，以及森林经营单位是否建立了与社区居民的协商与沟通机制。森林经营单位应向社会公布纠纷解决机制，可以采取登报、张贴海报、召开座谈会等形式。

(8) 尊重和有偿使用当地居民的传统知识。

在森林经营中尊重和合理利用当地居民的传统知识。当地居民参与森林经营规划等工作应给予适当的报酬。

①标准要求。

在森林经营中尊重和合理利用当地居民的传统知识；适当保障当地居民能够参与森林经营决策的机制。

②认证准备要点。

了解当地居民传统知识的利用情况；森林经营单位利用传统知识的相关文件；当地居民参与森林经营的途径。

③审核检查要点。

书面协议和补偿机制。森林经营单位可以参照国家或地方公认的知识产权价值，就补偿费用与当地居民协商并形成书面协议，不得因对方不知晓而进行无偿使用。

森林经营单位应允许当地居民通过受雇或其他方式参与森林经营，如做林区向导、行使狩猎权、收集薪材等。

（9）根据社会影响评估结果调整森林经营活动，并建立与当地社区（尤其是少数民族地区）的协商机制。

①标准要求。

森林经营单位根据森林经营规模和方式，评估森林经营的社会影响。在森林经营方案和作业计划中考虑社会影响评估结果。建立与当地社区和有关方沟通与协商的机制。

②认证准备要点。

根据森林经营的方式和规模，评估森林经营的社会影响的结论或报告。与当地社区和有关各方（尤其是少数民族）建立的沟通与协商机制，如防火联动机制，治安联防等。

③审核检查要点。

查阅森林经营作业的社会影响评价结论或报告。查阅在森林经营方案和作业计划中考虑了社会影响评估的结果的记录或说明。查阅与当地社区沟通、协商的机制文件或实施记录。

（四）森林经营方案

森林经营单位应编制和执行科学的森林经营方案，阐明森林经营的目标和措施，并在执行中不断修改完善。

1. 内容概要

森林经营方案是一份关于森林经营的总体计划，具有长远性、前瞻性和法定性的特点。要求森林经营单位编制与其经营规模和管理水平相适应的森林经营方案。森林经营方案应由有资质的林业规划设计单位在森林二类调查基础上编制，经过上级林业管理部门批准后生效。

2. 内容解读

(1) 根据上级林业主管部门制定的林业长远规划以及当地条件，编制森林经营方案。

森林经营方案主要内容包括：森林经营方针与经营目的。

自然社会经济状况，包括森林资源、环境限制因素、土地利用及所有权状况、社会经济条件与主导需求，森林经营沿革等；森林资源经营评价；森林功能区划、森林分类与经营类型；森林培育与营林；森林采伐与更新；森林健康和森林保护；非木质林产品；野生资源保护；森林经营基础设施建设与维护；投资估算和效益分析；森林经营的环境与社会影响评估；保障条件和措施；相关的图集和统计表。森林经营单位具有适时、有效、科学的森林经营方案；森林经营方案的编制过程中广泛征求了管理部门、经营单位、当地社区和其他利益相关者的意见。森林经营方案的编制建立在翔实、准确的森林资源信息基础上，包括及时更新的森林资源档案、有效的森林资源二类调查成果和专业技术档案等信息；根据森林经营方案，制定年度作业计划。

①标准要求。

森林经营单位具有有效的科学的森林经营方案；在编制过程中应广泛征求管理部门、经营单位、当地社区和相关利益方的意见；森林经营方案编制建立在准确的森林资源信息基础上，包括及时更新的森林资源档案，有效的二类调查成果和作业技术档案等信息。同时也要吸纳最新科研成果，确保其具有科学性；公告森林经营方案的主要内容。

②认证准备要点。

森林经营方案及其附属文件。

③审核检查要点。

除核查森林经营方案和附件的内容完整性、方案批准文书外，还经常关注以下几方面：环境、社会影响评估、道路建设和维护；经营单位与当地居民的沟通交流机制、保护设施建设等。

（2）根据森林经营方案开展森林经营活动。

① 标准要求。

森林经营单位明确实施森林经营方案的职责分工。根据森林经营方案，制定年度作业计划。积极开展科研活动或者支持其他机构开展科学研究。

②认证准备要点。

森林经营方案各项内容执行要明确职责部门。年度各项工作的作业计划与经营方案对应内容对照检查。如差别较大，企业需提供调整作业文件，调整作业方案内容要上报上级行政主管部门批准。

③审核检查要点。

查阅实施森林经营方案的职责体系文件。查阅根据森林经营方案（或按上级下达计划）编制的年度作业计划。查阅开展科研活动的计划和成果资料或者支持其他机构开展科学研究取得的成果副本。

（3）适时修订森林经营方案。

及时了解森林经营等方面相关科学技术的发展信息以及政策动态。根据森林资源的监测结果、新的科技信息和政策，以及环境、社会和经济条件的变化，适时（不超过 10 年）修订森林经营方案。

①标准要求。

森林经营单位及时了解相关科技动态与政策信息；适时（不超过 10 年）修编森林经营方案。

②认证准备要点。

森林经营方案的修订制度；森林经营方案的修订记录。

③审核检查要点。

审核员会访问森林经营方案的修订人员、核查修订记录。如果涉及政策与原有规划有很大变化的情况，如向当地居民或团体征地，退耕还林、修改采伐指标等，应根据具体情况及时更新。修订时应考虑相关研究成果、社区、非政府组织的观点，并有存档记录。

（4）对林业职工进行必要的培训和指导，使他们具备正确实施作业的能力。

森林经营单位制定对职工进行培训和指导的制度；林业职工受到良好培训，了解并掌握作业要求；专业技术人员对职工的野外作业提供必要的技术指导。

①标准要求。

森林经营单位应制定职工培训制度；职工受到良好培训，了解并掌握作业要求；职工在野外作业时，专业技术人员对其提供必要的技术指导。

②认证准备要点。

森林经营单位已制定培训计划，定期开展培训并形成文件存档。

③审核检查要点。

审核员会访问管理人员、林场工人和技术人员，核查培训计划和培训记录。

(五) 森林资源培育和利用

森林经营单位应按照可持续发展的原则开展营林生产活动，科学高效地培育、保护和利用森林资源，开发多种林产品。

1. 内容概要

要求森林经营单位按作业设计开展森林经营活动。森林经营活动要有明确的资金投入，并确保投入的规模与经营需求相适应。开展林区多种经营，促进当地经济发展。种子和苗木的引进、生产及经营应遵守国家和地方相关法律法规的要求，保证种子和苗木的质量。按照经营目标因地制宜选择造林树种，优先考虑乡土树种，慎用外来树种。无林地（包括无立木林地和宜林地）的造林设计和作业符合当地立地条件和经营目标，并有利于提高森林的效益和稳定性。依法进行森林采伐和更新，木材和非木质林产品消耗率不得高于资源的再生能力。森林经营应有利于天然林的保护与更新。森林经营应减少对资源的浪费和负面影响。鼓励木材和非木质林产品的最佳利用和深加工。规划、建立和维护足够的基础设施，最大限度地减少对环境的负面影响。

2. 内容解读

(1) 按作业设计开展森林经营活动。

①标准要求。

森林经营单位根据经营方案和年度作业计划，编制作业设计，按批准的作业设计开展作业活动。在保证经营活动更有利于实现经营目标和确保森林生态系统完整性的前提下，可对作业设计进行适当调整。作业设计的调整内容要备案。

②认证准备要点。

提供根据经营方案和年度作业计划进行有效分解编制的作业设计文件、图表及作业验收报告或验收表。如有作业设计的调整，提供调整内容的备案文件及调整后的作业设计。

③审核检查要点。

核查现场作业是否按计划进行，现场作业是否与设计文件和验收报告相符。核查作业的调整是否符合 3.5.1.2 的要求。

（2）森林经营活动要有明确的资金投入，并确保投入的规模与经营需求相适应。

森林经营充分考虑到森林经营成本和管理运行成本的承受能力，在经济上可行；保证对森林可持续经营的合理投资规模和投资结构。

①标准要求。

经济可行是森林可持续经营的基本条件，如果连基本的维护管理费用都无法保障，森林认证无从谈起。森林经营单位充分考虑经营成本和管理运行成本的承受能力，保证对森林可持续经营的合理投资规模和投资结构。

②认证准备要点。

财务计划及财政年度预算和财务报告。

③审核检查要点。

财务计划及财政年度预算和财务报告。

（3）开展林区的多种经营，促进当地经济发展。

积极开展林区的多种经营，可持续利用多种木材和非木质林产品，如林果、油料、食品、饮料、药材和化工原料等。具有重要非木质林产品的经营规划，包括培育、保护和利用的措施。

①标准要求。

森林经营单位应积极开展林区多种经营，可持续利用多种木质与非木质林产品，促进当地经济的多元化发展；制定非木质林产品的经营规划；鼓励发展具有特色的经营模式。

②认证准备要点。

森林经营目标包括积极促进林区多种经营；鼓励社区居民使用非木质林产品的相关政策。

③审核检查要点。

判断是否符合本条的依据是：社区居民是否因经营活动带来了更多收益，是否合理开发了非木质林产品资源，如森林食品、渔业资源、风景旅游资源等，并产生经济效益。对于小型林业公司，他们的努力很难取得明显效果，但在审核时，审核员更注重经营者是否在努力去做。

(4) 种子和苗木的引进、生产及经营应遵守国家或地方相关法律法规的要求，保证种子和苗木的质量。

林木种子和苗木的引进、生产及经营符合国家和地方有关法律法规的要求。从事林木种苗生产、经营的单位，持有县级以上林业行政主管部门核发的“林木种子生产许可证”和“林木种子经营许可证”，并按许可证的规定生产和经营。在种苗调拨和出圃前，按国家或地方有关标准进行质量检验，并填写种子、苗木质量检验证书。

从国外引进林木种子、苗木及其他繁殖材料（包括果木、花卉、中药材、绿化和水土保持用途草籽），具有国家林业局或各省、自治区、直辖市林业主管部门检疫审批的“引进林木种子、苗木和其他繁殖材料检疫审批单”，并按规定进行检疫。

(5) 按照经营目标因地制宜选择造林树种，优先考虑乡土树种，慎用外来树种。

用外来树种造林后应对其生长情况、病虫害和对生态环境产生的影响等方面进行监测。

根据经营目标和适地适树的原则选择造林树种；优先选择乡土树种造林。

只能引进不具备侵略性，不影响当地植物生长，并能带来环境、经济效益的外来物种，引种期间应认真监测其成活率、保存率、病虫害和环境影响。不得使用转基因树种。

(6) 无林地（包括无立木林地和宜林地）的造林设计和作业符合当地立地条件和经营目标，并有利于提高森林的效益和稳定性。

造林设计和作业的编制符合国家和地方的技术标准和规定，包括《造林作业设计规程》等。造林设计符合经营目标，并制定合理的造林、抚育、间伐、主伐和更新计划。采取造林措施，促进林分结构多样化和加强林分的稳定性。根据森林经营的规模和野生动物的迁徙规律，建立野生动物走廊。造林布局和规划有利于维持和提高自然景观的价值和特性。促进同龄林逐步向异龄林和多种生境结构转化。

（7）依法进行森林采伐和更新，木材和非木质林产品消耗率不得高于资源的再生能力。

依据用材林消耗量低于生长量，以及合理经营和可持续利用的原则，按照森林经营方案制定木材年采伐计划和年采伐限额，报上级林业主管部门审批。采伐林木具有采伐许可证，按许可证的规定进行采伐。具有年木材采伐量和采伐地点的记录。森林采伐和更新符合《森林采伐更新管理办法》和国家有关森林采伐作业规程的要求。木材和非木质林产品的利用未超过其可持续利用所允许的水平。

（8）森林经营应有利于天然林的保护与更新。

应采取有效措施促进恢复和保护天然林。

林地用途的转化，包括由原始林或天然林转化为人工林，应在合理的情况下进行，其转化应符合有关土地用途及森林经营的国家和当地政策及立法，是由政府或其他部门所开展的国家或当地土地利用规划活动的结果，其中包括与利益相关方和组织直接的协商过程；涉及很小比例的森林类型；不对受威胁（包括脆弱、稀有或濒危）的森林生态系统、具有文化及社会重要意义区域及受威胁物种的重要栖息地或其他受保护区域构成负面影响，对长期的保护、经济及社会效益做出贡献。

在遭到破坏的天然林或天然次生林林地上营造的人工林，根据其规模和经营目标，划出一定面积的林地使其逐步向天然林转化。

在天然林毗邻地区营造的以生态功能为主的人工林，积极诱导其景观和结构向天然林转化，并有利于天然林的保护。

（9）森林经营应尽量减少对资源的浪费和负面影响。

采用对环境影响小的森林经营作业方式，减少对森林资源和环境的破坏。减少林木采伐和造材过程中的木材浪费和木材等级下降。

①标准要求。

森林采伐时产生的废弃物不仅会造成浪费，还会污染环境。

可能产生的主要废弃物有：砍伐后的树桩、枝条，人员活动留下的生活垃圾和使用机械造成的化学废物（遗洒的燃油、废弃轮胎等）。

经营单位应加强管理，采用对环境影响小的科学采伐技术，以避免对周边林木、林地土壤、水系、湿地、河道、残存林地及敏感区域等造成较大破坏。在木材采伐后调查其造成的可避免和不可避免的损失程度，必要时应采取弥补措施。

②认证准备要点。

制定科学采伐作业指南；采伐对森林资源造成危害的相关监测评估报告。

③审核检查要点。

审核员除了了解废弃物处理的技术和管理措施外，还会到现场检查伐桩及林区环境卫生、废弃物处理的情况等。

（10）鼓励木材和非木质林产品的最佳利用和深加工。

制定和执行有利于各种木材和非木质林产品最佳利用的措施。鼓励对木材和非木质林产品进行深加工，提高产品附加值。

①标准要求。

森林产品是多样化的，特别是天然林，除木材产品外还有薪材、非木质林产品、油料、药材以及森林游憩等资源。即使是人工林，除提供木材产品外还有薪材等其他产品。

森林经营单位在制定经营规划和实施时应考虑到森林功能和服务的多元化；定期开展与经营规模强度相适应的木材和非木质林产品资源清查，鼓励开发常见但不知名的非木质林产品市场，如山野菜等。如果有必要，森林经营单位应与当地木材贸易商和加工单位签订正规合同，并记录下林产品销售流程。

②认证准备要点。

考虑到森林功能和服务多元化的经营规划；木材和非木质林产品资源清查资料；林产品利用种类、方法及利用成果，就地加工的说明材料；林产品销售流程。

③审核检查要点与②相同。

（11）规划、建立和维护足够的基础设施，最大限度地减少对环境的负面影响。

森林经营单位应规划、建立充足的基础设施，如林道、集材道、桥梁、排水设施等，并维护这些设施的有效性。基础设施的设计、建立和维护对环境的负面影响最小。

①标准要求。

规划、建立充足的基础设施，如林道、集材道、桥梁、排水设施等，并维护这些设施的有效性。基础设施的设计、建立和维护对环境的负面影响最小。

②认证准备要点。

基础设施建设规划、已建项目目录及运行、维护情况说明。项目建设环境影响评价报告文本或说明。

③审核检查要点。

经营方案；采伐、营林设计的相关内容；企业发展规划和相关设施建设的设计资料。

（六）生物多样性保护

森林经营应维持和提高森林生物多样性，保护典型、脆弱的森林生态系统，保持与改善森林生态系统结构。

1. 内容概要

由于自然资源的合理利用和生态环境的保护是人类实现可持续发展的基础，因此生物多样性的研究和保护已经成为世界各国普遍重视的一个问题。该原则旨在对森林的生物多样性进行保护。

2. 内容解读

（1）存在珍稀、受威胁和濒危动植物物种时，应建立与森林经营范围和规模以及所需保护资源特性相适应的保护区域，并制定相应保护措施。

森林经营单位备有相关的参考文件，如《濒危野生动植物种国际贸易公约》附录Ⅰ、Ⅱ、Ⅲ（参见附录B）和《国家重点保护野生植物名录》、《国家重点保护野生动物名录》等（参见附录C）。确定本地区需要保护的珍贵、稀有、濒危动植物种及其分布区，并在地图上标注。根据具体情况，划出一定的保护区域和生物走廊带，作为珍贵、稀有、濒危动植物种的分布区。若不能明确划出保护区域或生物走廊带时，则在每种森林类型中保留足够的面积。同时，上述区域的划分要考虑到野生动物在森林中的迁徙。制定针对保护区、保护物种及其生境的具体保护措施，并在森林经营活动中得到有效实施。未开发和利用国家和地方相关法律法规或相关国际公约明令禁止的物种。

①标准要求。

备有相关的参考文件，确定本地区需要保护的珍贵、稀有、濒危动植物种及其分布区，并在地图上标注。划出一定的保护区域和生物走廊带，作为珍贵、稀有、濒危动植物种的分布区。制定针对保护区、保护物种及其生境的具体保护措施，并在森林经营活动中得到有效实施。未开发和利用国家和地方相关法律法规或相关国际公约明令禁止的物种。

②认证准备要点。

国标附录B、附录C的文件。经营范围内需要保护的珍稀的、受威胁的和濒危动植物种调查报告（包括物种名录、数量、分布和栖息地）及有明显标注的林相图或分布图。划定珍稀、濒危动植物种保护区域和生物走廊带的规划、图件资料。针对保护区、保护物种及其生境的保护措施文件和实施报告。

③审核检查要点。

审核是否备有国标附录B、附录C的文件。审核物种名录、数量和分布及栖息地情况，以及是否在林相图等资料中明显标注。审核划定珍稀、濒危动植物种保护区域和生物走廊带的规划、图件资料。审核包括规划、设计、记录、实施验收和年度工作总结。

(2) 限制未经许可的狩猎、诱捕及采集活动。

狩猎、诱捕和采集符合有关野生动植物保护方面的法规，依法申请狩猎证和采集证。狩猎、诱捕和采集符合国家有关猎捕量和非木质林产品采集量的限额管理政策。

①标准要求。

要求森林经营单位对森林进行保护，避免森林遭受狩猎等非法活动的破坏。同时应当将森林的采集控制在合理范围内。

②认证准备要点。

具有狩猎、诱捕和采集符合有关野生动植物保护方面的法规；制定有关狩猎、诱捕和采集活动的相关政策和规定，如狩猎者应依法申请狩猎证以及对狩猎和采集活动进行记录等；开展合理采伐的地区，应得到林业有关主管部门的审批。

③审核检查要点。

审核时会核查森林经营单位有关非法狩猎等活动的政策以及活动记录。

（3）保护典型、稀有、脆弱的森林生态系统，保持其自然状态。

森林经营单位通过调查确定其经营范围内典型、稀有、脆弱的森林生态系统。制定保护典型、稀有、脆弱的森林生态系统的措施。实施保护措施，维持和提高典型、稀有、脆弱的生态系统的自然状态。识别典型、稀有、脆弱的森林生态系统时，应考虑全球、区域、国家水平上具有重要意义的物种自然分布区和景观区域。

①标准要求。

经营范围内典型、稀有、脆弱的森林生态系统。制定保护典型、稀有、脆弱的森林生态系统的措施。实施保护措施，维持和提高典型、稀有、脆弱的生态系统的自然状态。

②认证准备要点。

经营区内典型、珍稀、脆弱森林生态系统的调查报告或资料。保护典型、珍稀、脆弱的森林生态系统的措施文件。实施保护措施的报告或说明。

③审核检查要点。

经营区内典型、珍稀、脆弱森林生态系统的调查报告或资料及相关图表资料。保护典型、珍稀、脆弱的森林生态系统的措施文件。实施保护措施的报告或说明。

（4）森林经营应采取措施恢复、保持和提高森林生物多样性。

森林经营单位需采取措施保持和提高森林生物多样性，尽可能保留一定数量且分布合理的枯立木、枯倒木、空心树、老龄树及稀有树种，以维持生物多样性。

①标准要求。

采取下列措施保持和提高森林生物多样性：

——采用可降低负面影响的作业方式；

——森林经营体系有利于维持和提高当地森林生态系统的结构、功能和多样性；

——保持和提高森林的天然特性。

考虑到对森林健康和稳定性以及对周边生态系统的潜在影响，应尽可能保留一定数量且分布合理的枯立木、枯倒木、空心树、老龄树及稀有树种，以维持生物多样性。

②认证准备要点。

伐区主要采伐方式、集材方式、道路网密度、公益林采伐、营林生产作业等资料。保留了一定数量且分布合理的枯立木、枯倒木、空心树、老龄树及稀有树种的相关证据。

③审核检查要点。

对相应的数据和作业方式做记录。

审核员要熟悉造林、采伐更新法律法规、操作规程相关条款的内容。

（七）环境影响

森林经营应考虑其对环境的影响，发挥森林的环境服务功能，有利于保护和改善环境。

1. 内容概要

该原则要求森林经营单位在开展经营活动前应进行环境影响评价。主要包括经营活动对林区生物多样性及其价值的影响，对独特生态系统及景观的影响等。

森林经营单位可根据森林经营的规模、强度及资源特性，对经营作业和影响林区环境的活动（如修路、采矿、土建、就地加工等）进行相关评价，评价的层次和复杂性可以由单位自己决定。在森林经营单位有能力的情况下，应开展尽可能完整的环境影响评价，并将环境影响评价纳入到整个森林经营体系中。

环境影响评价包括的基本内容有：基本背景资料，包括水文地质、气象、水质、空气质量、原有林木种类及生长状况、原有植被覆盖情况、原有珍稀野生动植物的生长存活数量、当地村民和社会团体的生产生活情况等。

2. 内容解读

（1）考虑森林经营作业应对森林生态环境的影响。

根据森林经营的规模、强度及资源特性，森林经营单位应对环境造成潜在影响的森林经营活动进行第一方、第二方或第三方的环境影响评估。根据评估的结果调整森林作业方式，减少经营活动对森林生态环境的影响。

在森林经营措施中，应考虑评估中识别的所有可能的环境影响并确保避免或减小负面的影响。对改进的经营措施进行记录和监测，以确保改进经营措施。

（2）森林经营作业应采取各种保护措施，维护林地的自然特性，保护水资源，防止地力衰退。

在森林经营中，采取有效措施最大限度地减少整地、造林、采伐、更新和道路建设等人为活动对林地的破坏，维护森林土壤的自然特性及其长期生产力。减少森林经营对水资源质量、数量的不良影响，控制水土流失，避免对森林集水区造成重大破坏。在溪河两侧和水体周围，建立足够宽的缓冲区，并在林相图或森林作业设计图中予以标注。尽量利用有机肥和生物肥料，以增加土壤肥力。尽可能减少使用化肥。

（3）严格控制使用化学品，最大限度地减少因使用化学品造成的环境影响。

经营单位列出所有化学品（杀虫剂、除草剂、灭菌剂、灭鼠剂等）的最新清单和文件，包括品名、有效成分、使用方法等。经营单位必须保存关于安全使用化学品的程序文件。经营单位有化学品的运输、储存、使用以及事故性溢出后的应急处理程序。经营单位应确保以环境无害的方式处理无机垃圾和不可循环利用的垃圾。使用国家法律和国际公约明令禁止使用的化学农药。提供适当的装备和技术培训，最大限度减少使用化学品对环境的污染和对人类健康的危害。采用符合环保要求的方法及时处理化学品的废弃物和容器。

（4）严格控制和监测外来物种的引进，防止外来入侵物种造成不良的生态后果。

在经过严格检疫和外来物种对生态环境的负面影响评估，确保对环境和生物多样性不造成破坏的前提下，才能引进外来物种。对外来物种的使用进行记录，并监测其生态影响。制定并执行控制有害外来入侵物种的措施。

（5）维护和提高森林环境服务功能。

森林经营者了解并确定了森林经营区内森林的环境服务功能，如森林碳汇、森林旅游、景观美学、教育、科研、渔牧资源等，采取措施维护和提高森林环境服务功能。

(6) 尽可能减少动物种群和放牧对森林的影响。

森林经营单位应采取措施尽可能减少动物种群对森林更新、生长和生物多样性的影响。采取措施尽可能减少过度放牧对森林更新、生长和生物多样性的影响。

①标准要求。

采取措施尽可能减少动物种群对森林更新、生长和生物多样性的影响。采取措施尽可能减少过度放牧对森林更新、生长和生物多样性的影响。

②认证准备要点。

制定的林内放牧规定或管理措施。

③审核检查要点。

查阅制定的林内放牧规定或管理措施。现场观察、记录。

(八) 森林保护

森林经营单位应保护森林，防止病虫害和火灾的危害，维护森林的健康与安全。

1. 内容概要

该原则对维护森林的健康和安全进行了规定。要求森林经营单位应采取有效的措施对森林经营保护，避免病虫害和火灾对森林的影响。

2. 内容解读

(1) 制定林业有害生物防治计划，应以营林措施为基础，采取有利于环境的生物、化学和物理措施，进行林业有害生物综合防治。

森林经营单位的林业有害生物防治，应符合《森林病虫害防治条例》的要求。开展林业有害生物的预测预报，评估潜在的林业有害生物的影响，制定相应的防治计划。采取营林措施为主，生物、化学和物理防治相结合的林业有害生物综合治理措施。采取有效措施，保护森林内的各种有益生物，提高森林自身抵御林业有害生物的能力。

①标准要求。

符合《森林病虫害防治条例》的要求，评估潜在的林业有害生物的影响，制定相应的防治计划，采取林业有害生物综合治理措施，保护森林内的各种有益生物，提高森林自身抵御林业有害生物的能力。

②认证准备要点。

林业有害生物防治体系文件及相关资料文本，预测预报资料及对潜在的林业有害生物影响评估报告、防治措施计划，综合治理林业有害生物措施计划执行情况总结或报告，保护森林内各种有益生物的措施文件或工作报告或做法说明。

③审核检查要点。

同②认证准备要点。

（2）建立健全森林防火制度，制定并实施防火措施。

根据《森林防火条例》，森林经营单位应建立森林防火制度。划定森林火险等级区，建立火灾预警机制。制定和实施森林火情监测和防火措施。建设森林防火设施，建立防火组织，制定防火预案，组织本单位的森林防火和扑救工作。进行森林火灾统计，建立火灾档案。林区内避免使用除生产性用火以外的一切明火。

①标准要求。

根据《森林防火条例》建立森林防火制度，建立火灾预警机制。制定和实施森林火情监测和防火措施。建设森林防火设施，建立防火组织，制定防火预案，建立火灾档案。

②认证准备要点。

体系建设和制度建设的文件及相关资料。规定森林火险等级区文件及火险等级图。火情监测文件文本及火情监测记录，预防、扑救等措施性文件文本及实施记录、报告。森林防火设施设备清单、防火组织体系、机构、扑火专业扑火队伍及人员名单、防火宣传材料存本、防火培训记录、防火预案文本。森林火灾统计报表和森林防火档案。林区避免使用明火的管理办法和检查记录，生产性用火管理办法文件文本。

③审核检查要点。

根据《森林防火条例》相关条款审核。

（3）建立健全自然灾害应急措施。

根据当地自然和气候条件，森林经营单位应制定自然灾害应急预案。

采取有效措施，最大限度地减少自然灾害的影响。

①标准要求。

森林经营单位应制定自然灾害应急预案，采取有效措施，最大限度地减少自然灾害的影响。

②认证准备要点。

预防和减少自然灾害应急预案文本。预防和减少自然灾害影响的具体措施文件及防灾减灾工作记录或报告。

③审核检查要点。

现场查看应急预案中储备物资的储备情况。

（九）森林监测和档案管理

森林经营单位应监测与评估森林状况、林产品、经营活动及其对社会与环境的影响。建立档案管理系统，保存相关记录。

1. 内容概要

该原则是对森林经营活动进行监测与评估的具体要求。监测和评估是审核员关注的重点内容之一。审核时，审核员会详细询问监测指标、方法和技术，实地考察监测人员的技术水平、抽样方法、监测点的选取原则、监测数据及其处理方法等。

2. 内容解读

（1）建立森林监测体系，对森林资源进行适时监测。

根据上级林业主管部门的统一安排，开展森林资源调查，森林经营单位应建立森林资源档案制度。根据森林经营活动的规模和强度以及当地条件，确定森林监测的内容和指标，建立适宜的监测制度和监测程序，确定森林监测的方式、频度和强度。在信息许可的前提下，定期向公众公布森林监测结果概要。在编制或修订森林经营方案和作业计划中体现森林监测的结果。

（2）森林监测应包括资源状况、森林经营及其社会和环境影响等内容

森林经营单位的森林监测，宜关注以下内容：

——主要林产品的储量、产量和资源消耗量；

——森林结构、生长、更新及健康状况；

——动植物（特别是珍贵、稀有、受威胁和濒危的物种）的种类及其数量变化趋势；

——林业有害生物和林火的发生动态和趋势；

——森林采伐及其他经营活动对环境和社会的影响；

——森林经营的成本和效益；

——气候因素和空气污染对林木生长的影响；

——人类活动情况，例如过度放牧或过度畜养；

——年度作业计划的执行情况。

按照监测制度连续或定期地开展各项监测活动，并保存监测记录。对监测结果进行比较、分析和评估。

（3）建立档案管理系统，保存相关记录

森林经营单位应建立森林资源档案管理系统。建立森林经营活动档案系统。建立木材跟踪管理系统，对木材从采伐、运输、加工到销售整个过程进行跟踪、记录和标识，确保能追溯到林产品的源头。

第六章　非木质林产品认证标准与认证审核

非木质林产品认证与第五章的森林经营认证同属我国森林认证标准体系的四大类中的第一类。本章首先对于非木质林产品的概念和开发利用进行详细介绍，进而说明非木质林产品认证的定义，从社会、经济和环境三个方面阐述非木质林产品的经营认证，最后对于非木质林产品的审核流程、审核原则进行说明。

一、非木质林产品的概述

（一）非木质林产品定义

非木质林产品（non-timber forest product），是指在健康的森林生态环境条件下，遵循可持续经营原则，所进行经营活动中所获得的除木材以外的林产品。

（二）非木质林产品的类型

非木质林产品包括木本植物食品（如板栗、山核桃和杨梅），木本脂（如松香、割脂和栲胶），森林药材（如杜仲、红豆杉和银杏），林产香料（如香樟、花椒和山茶籽油），竹藤制品（如竹制品、竹笋和藤制品），野生动物及动物产品（如森林鸡、森林羊和放蜂），森林饲料（如饲料桑、松针粉和橡树籽），食用菌和野菜（如滑子蘑、地栽木耳和猴腿菜）。

（三）我国非木质林产品开发利用现状

1. 开发利用涉及的种类多、数量大

近年来，我国食用类非木质林产品采集量约占世界74％，工业用非

木质林产品采集量占世界 72%，利用的山野菜、食用菌品种逾百种，松茸、蕨菜、刺嫩芽等数十种产品大量出口。可入药 11 000 种，占植物种类的 87.03%。收购品种为 400 余种，占常用药材 70% 。

2005 年松香、松节油产量分别为 60.7 万吨和 6.5 万吨，竹笋 160 万吨，毛竹逾 5 亿根，杂竹逾 3 000 万吨，折合 1 000 万立方米木材当量，约占全国年木材采伐量的 1/5 以上。

2. 开发利用主要在山区，涉及人口众多

由于地域分布与森林资源分布的一致性，山区对森林资源利用依赖程度高，开发利用活跃。

根据第 5 次人口普查：我国现有 6.8 亿人生活在山区，占总人口数的 54.2%。而 1999 年，竹制品价值 12 亿元，参与竹产品劳动力逾 500 万人。

3. 开发利用方式以“采集一出售”为主

大多数的非木质林产品利用方式仍以提供原材料、原料初级加工和半成品加工为主，利用活动中获取的收益低。药用非木质林产品出口中成药、植物提取物等深加工产品出口的比重低。

4. 市场机制不健全，资源配置低效

非木质林产品的主要产地在山区，商品经济不发达，产品交易市场欠缺，市场机制不健全，资源配置低效；采集者与最终需求者之间信息不畅通，采集者和培育者在参与市场交易时，难以获知产品真实价格等

二、非木质林产品的经营认证

非木质林产品的经营认证体系大致可以分为社会、经济和环境三个部分（见图 6.1）。

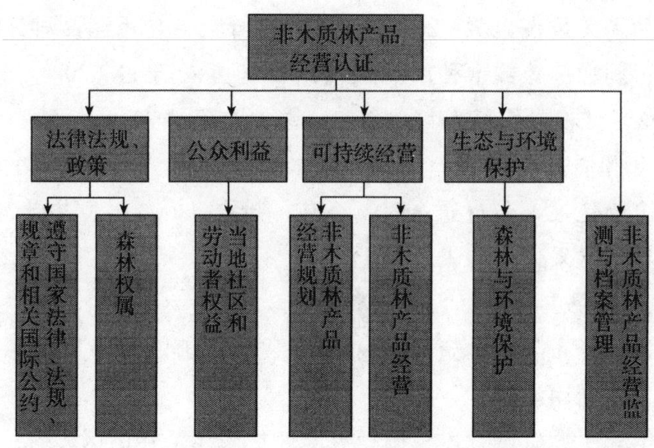

图 6.1　非木质林产品经营认证体系

（一）社会部分（涉及 10 条/24 款）

1. 遵守国家法律、法规、规章和相关国际公约

遵守国家法律法规和相关国际公约要求，及时纠正违法行为，依法按时缴纳税费。

2. 森林权属

林权证方面，要求有合法的承包、租赁合同，依法解决林木和林地所有权及使用权争议；且争议处理符合《林木林地权属争议处理办法》。

3. 当地社区和劳动者权益

对于经营区及周边居民，应当注意提供就业、培训与其他社会服务的机会，加强周边区域交通和通信等基础设施建设，以及尊重和维护当地居民传统的进入或利用森林权利；同时，防止直接或间接地破坏当地居民的林木及其他资源，以及影响其对这些资源的使用权；防止生产经营活动对当地居民的权利、财产、资源和生活造成损失或危害；应当建立特殊情况下或特定时间内才可以进入和利用的森林的规定；对当地居民的法定权利、财产、资源和生活造成损失或危害时进行合理的赔偿，进而当地居民能够自愿把资源经营权委托给生产经营者。

对于经营者的权益，应当保障职工的健康与安全，遵守中国签署的所有国际劳工组织公约，成立职工大会、职代会或工会等保障职工合法权益，职工参与非木质林产品的经营决策。

（二）经济部分（涉及7条/23款）

1. 非木质林产品经营规划

经营规划编制的要求包括经营规划内容、审批与公示以及执行与修订。

经营规划的编制应当根据市场需求、自然资源和生态环境状况，征求当地社区和森林所有者的意见。规划应当建立在翔实、准确的资源信息基础上，包括及时更新的资源档案、有效的资源调查结果和专业技术档案等信息。

经营规划的内容包括自然社会经济状况、经营种类、所有权或经营权、资源、与森林所有者签订的经营协议等，经营方针与经营目标，生产经营类型、培育措施，采收面积、采收量、采收方式等，基础设施建设与维护，生态与社会影响监测措施和分析方法，保障措施，以及必要的图表。

审批与公示是指向当地社区及利益方公示以及按照相关管理规定审批或备案。

执行与修订则是指制订并执行年度生产计划，根据资源监测结果、市场、政策及环境、社会和经济条件适时修订，计划、规划的制定、修订、执行记录保存。

2. 非木质林产品经营

经营对象：非国际公约或国家禁止经营的物种及产品，优先选择乡土且有较高经济价值的物种。对于外来物种，应当来源合法，没有入侵性、不危害本地生态系统，同时应当有引种审批、控制与监测。

技术要求：编制生产经营技术文件；植物采集要求，编制实施采集技术文件，相适宜的采集时间和采集方法，与生物学特性相适应，根据年龄、生长、成熟度等确定采集对象，尽量减少对植物体产生损害，野生植物应留足够的个体或种子；养殖类采集利用要求，编制实施相应的技术文件，采集技术应与生物学特性相适应，尽量减少对动物的损害，不得虐待动物，不得采用痛苦程度高、时间长、残忍的方式；采集应尽量减少对资源的浪费和破坏，采用对环境影响小的方式，减少对森林资源的破坏，减少采收过程中的浪费和等级下降。

技术培训：应当制定技术培训文件；注重对职工培训和指导，掌握生产作业技术以及野外作业的技术指导。

安全生产与保障：编制实施生产安全技术文件，并按文件要求作业，提供安全防护设施或装备，接受生产安全教育培训。

水土资源保护：远离重要水资源保护区与易形成严重水土流失的区域；应采取相应技术措施，避免造成水土流失；植物采用人工采收或掘取法时，减少水土流失；动物类，编制实施防止造成水源和环境污染的文件；动物类繁育、采集、加工，不得直接将未经处理的污水直接排放到河流、溪流、湖泊等水体。

严格控制使用化学品：禁用或限制使用化学品；编制化学品使用突发事件应急预案；化学农药培训使用；定时检修施药机具。

弃物处理：专门的容器收集保存有毒有害废弃物；避免燃料、油料等溢出，对溢出废液无毒化处理；废弃动植物残体无害化处理；及时清理废弃物，不得抛弃在林地或水体中；动物类繁育、采集、加工应有污水处理设施。

有害生物防治与防火：有害生物综合防治；编制实施疫源疫病防控技术文件；防止森林火灾发生；编制实施防火技术文件；在林区避免使用明火。

（三）环境部分（涉及7条/26款）

1. 森林与环境保护

2. 非木质林产品经营监测与档案管理

监测与监测记录：非木质林产品资源监测；典型、珍稀、敏感和受保护动植物监测；外来物种生长状态监测（如引种）；野生非木质林产品生长量监测（如采集）；土壤肥力、水土流失监测；森林病虫害监测；森林火灾监测。

档案管理：档案管理制度；生产、采收、加工、销售、运输档案；销售记录（提货单、商标或标签、产地信息）；标识跟踪管理系统（从采收、加工、运输到原料追溯）。

建立产品溯源体系，目前，相关体系正在完善中。

三、非木质林产品经营认证审核

非木质林产品认证审核（non-timber forest product certification audit），是指认证机构为获得审核证据并对受审核方进行客观评价，以确定其满足非木质林产品认证标准所进行的系统的、独立的并形成文件的过程［《中国森林认证　非木质林产品经营认证审核导则》LY/T 2274—2014］。

非木质林产品经营认证与森林经营认证的对比见表6.1。

表6.1　森林经营认证与非木质林产品经营认证对比表

森林经营认证	非木质林产品经营认证
国家法律法规和国际公约	遵守国家法律法规、规章和相关国际公约
森林权属	森林权属
当地社区和劳动者权利	当地社区和劳动者权利
森林经营方案	非木质林产品经营规划
森林资源培育和利用	非木质林产品经营
生物多样性保护	
环境影响	
森林保护	森林与环境保护
森林监测和档案管理	非木质林产品经营监测和档案管理

其中，非木质林产品经营认证与森林经营认证的区别在于：在森林权属、当地社区和劳动者权利方面，删除了有明确的边界并标记在地图上及当地居民（尤其是少数民族）的相关条款；“森林经营方案”改为“非木质林产品经营规划”，改“森林资源培育和利用”为“非木质林产品经营”，删除了种子和苗木引进、生产及经营要求，营林作业设计要求，增加了植物类采集利用要求和养殖类采集与利用要求；“环境影响”和“森林保护”改为“森林与环境保护”；删除了“生物多样性”原则。

（一）审核原则

包括客观证据原则、标准要求原则、独立公正原则和持续改进原则。

（二）审核策划

寻找现场审核的切入点。制订审核方案、编制审核计划（审核日程、审核员分工）；抽样、现地审核地点与审核路线；拟定利益方访谈对象、内容与形式。

审核范围包括标准所有条款及生产经营活动主要类型。

（三）审核实施

审核方，由审核组长主持，介绍审核组成员及分工，宣读审核通知，宣读公正性、保密声明，介绍审核内容、日程安排等。

受审核方，介绍到会的主要成员，企业概况及经营体系运行情况，介绍生产经营情况。

与受审核方确认，现地审核地点与审核路径、交通，确认审核安排与联系人。

文件资料审核，包括进入现场前与实施现场审核时的文件资料审核，以及对照标准对经营管理体系、制度文本与生产经营活动记录进行审核。

现地审核，是指经营活动与认证标准、建立运行经营管理体系、制度的符合性实地确认，地点的选择应保证在一个认证周期内覆盖经营活动主要类型。

利益方访谈，了解社会责任，经营活动对资源、环境生态产生的影响；采用电话、问卷、座谈、访问等形式进行。

审核记录可采用文字、照片的形式，应做到清楚、全面、易懂，便于查阅、追溯；准确、具体；实时，避免事后回忆、追记；陪同人确认。

审核结论包括推荐/维持认证，有条件推荐/维持认证，不推荐/维持认证。

不符合验证，可采用附加现场访问、文件审核方式进行，应从产生不符合的原因分析、纠正措施与实施效果进行，如证实纠正措施已实施并有效的，可关闭。

末次会议前的沟通，应当交流审核中存在的问题，确定不符合项、审核结论。

末次会议由审核组长介绍审核情况、结果与整改要求；审核员介绍审核领域情况；受审核方对审核组提出意见；审核报告签字。

第七章　产销监管链认证标准与认证审核

与森林经营认证和非木质林产品经营认证不同，产销监管链认证在我国森林认证体系标准中自成一类。本章主要介绍产销监管链认证的定义，产销监管链认证的企业和认证机构在国内的发展趋势与分布，以及产销监管链认证的作用，进而对《中国森林认证产销监管链》（GB/T 28952—2012）进行详细解读，最后对于产销监管链认证审核的流程进行解释。

一、产销监管链认证概述

（一）定义

木材生产者和林产品消费者之间的实际距离是非常遥远的，木材从森林到销售的最终目的地要经过许多环节。消费者需要知道他们购买的林产品是否真正来自于经营良好的森林，产销监管链认证就能够向消费者提供信息。

产销监管链认证旨在证明林产品源自于可持续经营的森林、再生原料和其他非争议来源。

产销监管链认证是森林认证的另一个主要组成部分，是对森林经营认证的补充。森林经营认证保证了森林经营的水平，产销监管链认证保证了林产品原料来源与经营良好的森林。

产销监管链认证可以确定经营良好的森林，建立产品链联系，创建一个被认可的标签/标志，进而使消费者能够支持负责任的林业。

实施 CFCC 产销监管链的总体目标是向林产品消费者提供产品原料源自于通过 CFCC 认证的可持续经营的森林或再生原料这一准确和可验证的信息。

(二) 作用

产销监管链认证是进军国际市场的“通行证”，能够满足消费者对林产品“绿色标签”的需求；符合欧盟的“贸易鼓励政策”；可以满足发达国家的政府采购要求。森林认证已成为新的贸易“绿色壁垒”。

(三) FSC—CoC 认证情况

近年来，通过 FSC—CoC 认证的企业数量增长迅速。截至 2013 年 12 月，我国通过 FSC—CoC 认证的企业已有 3181 家（见图 7.1）。

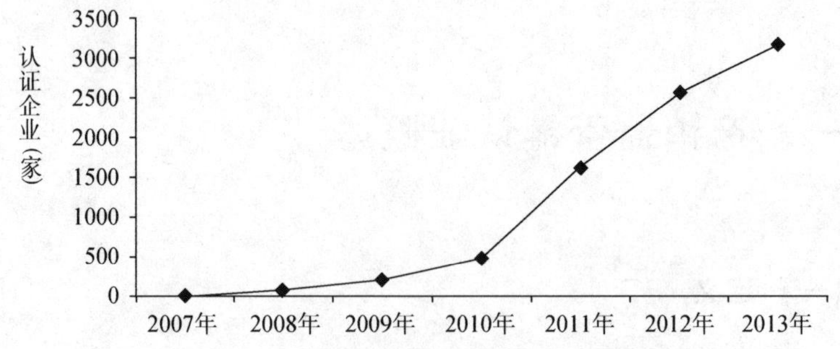

图 7.1 FSC 产销监管链认证企业累计情况

认证企业集中在东南沿海地区：广东（785 家）、浙江（702 家）、江苏（327 家）、上海（307 家）、山东（271 家）、福建（239 家）等（见图 7.2）。这些地区通过认证的企业占全国认证企业总数的 82.7%。认证产品包括木制家具、木制玩具、木质文体用品、工艺品等。

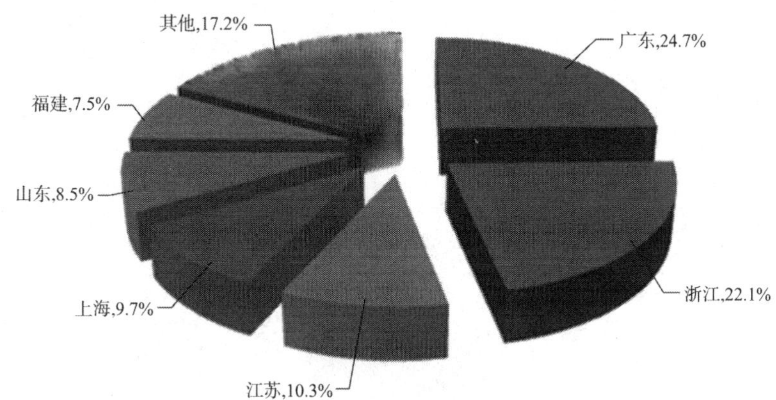

图 7.2　FSC 产销监管链认证企业地区分布情况

FSC 产销监管链认证的认证机构：SGS，1315 家，占 41.3%；BV，804 家，占 25.3%；加拿大 QMI，403 家，占 12.7%；挪威船级社（DNV），247 家，占 7.8%；英国土壤协会（SA）木材标签计划，210 家，占 6.6%；美国科学认证体系（SCS），76 家，占 2.4%（见图 7.3）。

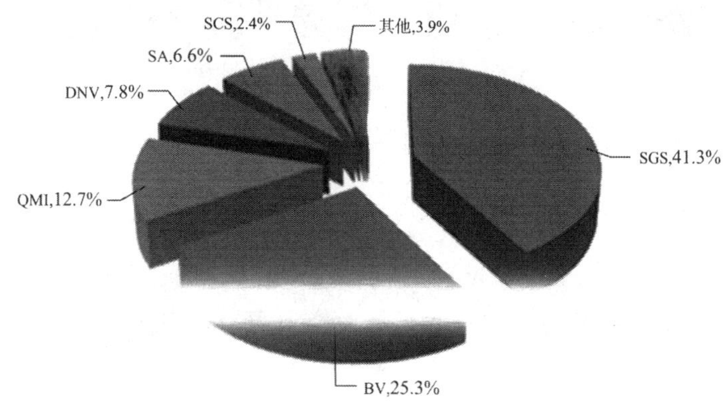

图 7.3　FSC 产销监管链认证企业情况

（四）CFCC—CoC 认证情况

产销监管链是 CFCC 认证的重要内容。2010 年至 2016 年，有 16 家企业通过 CFCC—CoC 认证，认证产品包括胶合板、浸渍纸层木质地板，办公用纸、生活用纸，以及如蜂蜜、蓝莓与蓝莓加工产品等。

二、产销监管链认证标准

《中国森林认证　产销监管链》(GB/T 28952—2012)，参照森林认证体系认可计划（PEFC）《林产品产销监管链标准》（PEFC ST 2002：2010）制定，仅作微小修改。

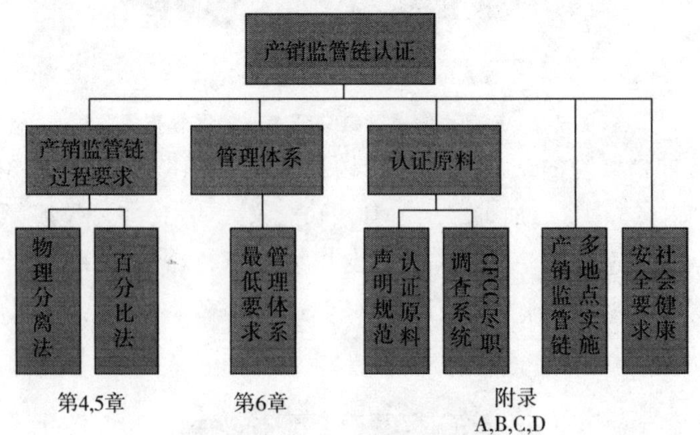

图 7.4　产销监管链认证体系图

（一）基本概念

林产品产销监管链（chain of custody of forest based products），是指林产品原料来源信息的处理过程，借此企业可对认证原料的成分做出准确和可验证的声明。

认证产品（certified product），是指经过产销监管链认证并且在声明中包含认证原料的产品。

森林原料（forest based material），是指源自森林或 CFCC 认可的区域，且符合 CFCC 森林经营认证要求的原料，也包括源自这些地区的再生原料。

中性原料（neutral material），是指森林原料以外的原料。

原料来源（material origin），是指有关产品所使用原料的信息，以表明原料来源地的特征。原料来源（即“原料来源地的特征”）是指通过 CFCC 认证的可持续经营的森林，或是回收资源的来源地。包括三种来源类别：认证原料、中性原料、其他原料，分别用于不同的声明。

认证原料（certified material），是指源自产销监管链声明所述来源的原材料，包括：不涉及转基因原料，带有“×%CFCC认证”供应声明；再生原料（不带有“×%CFCC认证”的供应声明）。

其他原料（other material），是指除认证原料和中性原料以外的原材料。

再生原料（recycled material）包括下列森林原料：生产过程中的废弃材料，但不包括重复利用原料，如在同一生产过程中重复利用的废旧料、废物料、废金属，副产品，如锯材副产品（锯屑、木片、树皮等）或采伐剩余物（树皮、树枝削片、树根等）；作为产品终端用户的家庭、商业和工业部门或公共机构所产生的、不能再用于原来用途的材料，也包括从产品流通链中回收的原料。

争议来源（controversial sources）是指出现了下列森林经营活动的区域。包括：未能遵守地方、国家和（或）国际法律法规，尤其营林作业和采伐作业，包括森林向其他用途转化，划为高环境价值和高文化价值区域的经营活动，受保护及濒危物种，包括列入CITES公约名录物种，税费的缴纳；使用了转基因生物；将森林转化为其他植被类型，包括天然林转化人工林。

物理分离（physical separation），是指分离各种不同来源的原料或产品的过程，以确保使用者了解原料/产品的来源。物理分离包括企业厂房中的分隔，如设立单独的储藏区或特定存放区，或使用标记，以清晰地区分不同来源的原料。

产品组（product group），是指涵盖产销监管链范围内，生产或交易的系列产品。企业在平行生产线或下游生产线上建立一个或多个产品组。产品组可以是一种单一产品类型；也可是一组产品，具有相同或相似原料投入，相同计量单位或能换算；或是同一地点进行生产或加工。

滚动百分比的计算（rolling percentage calculation），是指根据产品生产或交易前特定时期采购的原料中用于投入生产的部分来计算认证原料的百分比。

简单百分比的计算（simple percentage calculation），是指根据通过统计以实物方式投入到产品中的原料来计算认证原料的百分比。以印刷厂为例，简单百分比可以通过计算用于印刷厂所采购和使用的原料而得出。

（二）产销监管链过程要求

产销监管链过程要求体系如图 7.5 所示。

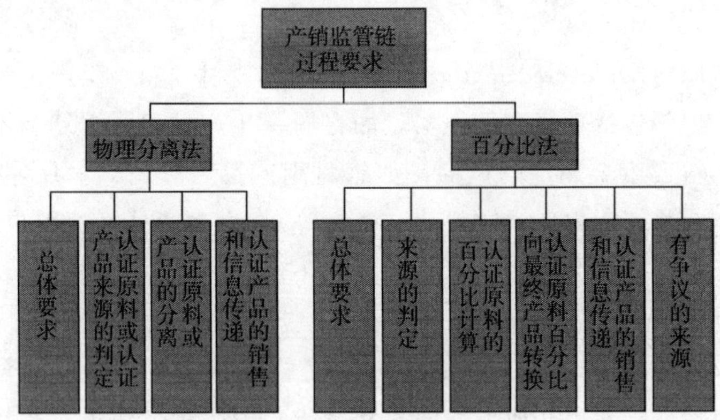

图 7.5　产销监管链过程要求体系

1. 物理分离法

(1) 总体要求。

认证原料或产品不会与其他原料或产品混合，或能够明确区分认证原料或产品，优先采用物理分离法。应确保在生产或交易中都能对认证原料进行分离或可辨别（见图 7.6）。

物理分离法也适用于含有多种认证原料的认证产品。可将含有相同百分比成分声明的产品，与其他具有（或不具有）不同百分比成分声明的产品进行物理分离。

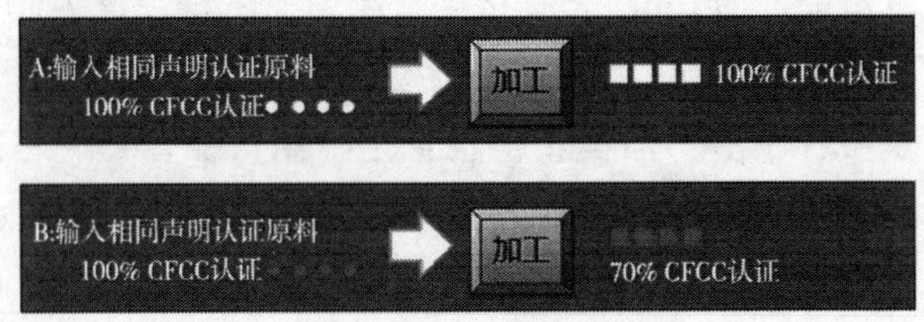

图 7.6　物理分离法

(2) 认证原料或认证产品来源的判定。

在产品交付（进货）阶段，每次交付时，企业应获得认证原料或产品信息，并核实。每次交付的认证原料或产品，应至少包含收货方的企业名称，供应商的身份信息，产品的识别信息，每种产品的交付数量，交货日期或交货周期、核算周期，原料来源的正式声明（包括认证原料的比例）以及供应商产销监管链认证证书。

（3）认证原料或产品的分离。

在生产或交易（贮存）中，能清晰辨认：在生产和贮存场地进行物理分离，或按照时间进行物理分离，或整个生产或交易中对认证原料能区分。

（4）供应商阶段的判定。

供应商应提供森林经营认证或产销监管链认证证书，对供应商认证情况进行评估。

（5）认证原料声明（附录 A）。

认证原料声明是正式声明，最终产品中传递认证原料组成时，“×% CFCC 认证”声明。

认证原料包括下列两大类：不涉及转基因，带有“×% CFCC 认证”声明，再生原料（不带有“CFCC 认证”声明）。

提供认证原料的供应商应持有 CFCC 认证证书，或 CFCC 互认的认证证书，或能确认供应商属于 CFCC 认证范围的文件，或能确认供应商属于与 CFCC 互认的范围的文件。

CFCC 认证声明额外要求：使用再生原料的产品，应按照 GB/T 24021—2001 计算再生原料含量，并在要求时告知。可以使用带有百分比数值的莫比乌斯循环符号表示再循环含量声明（图 7.7）。

图 7.7　《环境管理　环境标志和声明　自我环境声明》

（GB/T 24021—2001）（Ⅱ型环境标志）

（6）认证产品的销售和信息传递。

产品的销售和运输文件：在销售或运输认证产品时，应提供认证证书的复印件；在原件交付给客户后保存复印件。

随附认证产品的文件，应至少包含下列内容：客户、供应商的身份信息；产品识别信息；交付数量、交货日期，或交货周期，或核算周期；所列产品原料来源的正式声明（包括认证原料比例）；供应商产销监管链认证证书。

（7）标识和标签的使用。

在认证范围内，使用标识或标签，应获得授权；应满足标识或标签持有人所规定的产品贴标要求；未在其产品或产品包装上使用标识或标签，但进行产销监管链声明时，也应使用正式声明且易识别。

2. 百分比法

（1）总体要求。

百分比法的应用：适用于将认证原料/产品与其他类别原料相混合的企业。

（2）来源的判定。

从供应商处获得信息判定并验证原料来源。随原料的文件，应至少包括：收货方、供应商的身份信息；产品的识别信息；交付数量、交货日期，或交货周期，或核算周期。

除以上内容之外，还应包括每种认证产品原料来源（包括比例）；供应商产销监管链认证证书，或森林经营认证证书。

原料分为认证原料、中性原料或其他原料。

（3）供应商阶段的判定。

所有提供认证原料的供应商应提供森林经营认证证书或产销监管链认证证书的复印件。对所收到的文件的有效性和范围，认证原料供应商进行评估。

除从供应商获得的文件外，宜充分利用 CFCC 或与 CFCC 互认的森林认证体系和其认可的机构的公开登记信息。

（4）认证原料的百分比计算。

计算公式为：

$$P_c=\frac{V_c}{V_c+V_o}\times 100\% \tag{4.1}$$

式中：P_c 为认证原料百分比；V_c 为认证原料数量；V_o 为其他原料数量。应使用同一计量单位。如所采购的原料仅包括一部分认证原料，则只有与声明比例数量对应的原料可作为认证原料，其余作其他原料。

可使用两种方式来计算认证百分比，分别为简单百分比和滚动百分比。

简单百分比法，应根据产品组中具体产品所含原料的数量来计算认证百分比。

滚动百分比法，应基于声明期前一原料投入期内所投入原料的数量来计算特定生产批次的认证原料百分比。声明期不超过 3 个月，原料投入期不超过 12 个月（见图 7.8）。

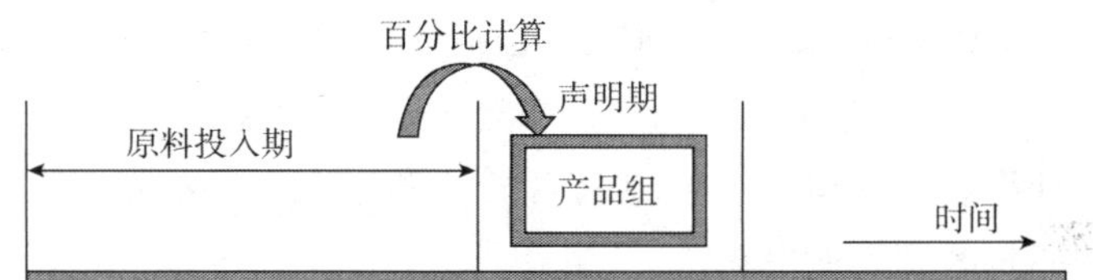

图 7.8　百分比计算认证产品模型

例如，选择声明期为 3 个月和原料投入期 12 个月的企业必须根据此前 12 个月内所购买原料数量计算接下来 3 个月的滚动百分比。

（5）认证原料百分比向最终产品的转换。

平均百分比法：应计算产品组中所有产品认证原料百分比（平均百分比法没有规定认证原料百分比的最低阈值，作为声明传递给消费者）（百分比模型见图 7.9）。

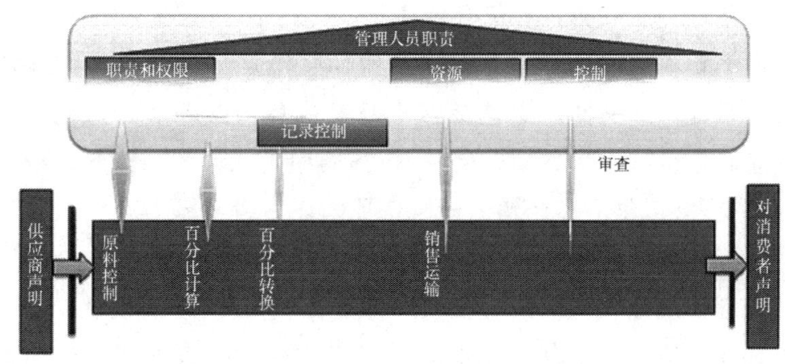

图 7.9　百分比模型

例如，如果某三个月声明期内计算的认证百分比是 54%，那么该产品组所有产品在该声明期内都可作为包含 54%认证原料的认证产品进行销售，其声明可表示为“54%CFCC 认证”。

数量信用法：接收原料有多个来源声明，使用数量信用，选择其中的一种声明计算数量信用。接收到具有森林认证体系的原料，建立信用账户。信用账户内累计的信用总量不超过12个月，但如产品生产周期大于12个月，同生产周期相同，信用账户内的数量信用，同最终产品得到的数量信用值，为认证产品数量与其认证原料百分比的乘积。

例1：如果在某特定声明期内的一个产品组中产生了100吨的产品，同时认证百分比达到了54%，则本期企业产品的数量信用就为54吨(100×0.54)。

例2：如薪材的平均生产周期（包括干燥过程）为18个月，那么企业可以将12个月的信用累计周期延长至18个月。

选用计算数量信用为认证原料百分比和产出产品的数量，或所投入的原料和原料的投入产出比。

认证原料百分比法：通过声明期内产品的产出量与该声明期内认证原料百分比的乘积来获得数量信用。若能证明所投入的原料与产出产品存在固定比率，则可直接通过投入的认证原料乘以投入产出比率计算数量信用。

例如，如果投入认证原料的数量是70立方米（如具有“70% CFCC认证”声明的100立方米原料），而投入产出比为0.60（如1立方米圆木产出0.6立方米锯材），那么该企业将得到42立方米锯材的数量信用。

(6) 认证产品的销售和信息传递。

产品销售和运输文件：应提供产销监管链认证证书复印件或认证产品文件。认证产品文件，应包括客户身份信息，供应商身份信息，产品识别信息，数量，交货日期，交货/核算周期，认证产品原料来源（包括认证原料比例），供应商产销监管链认证的证书编号。

(7) 标识和标签使用。

使用标识或标签，应获得标识或标签持有人/代理人授权。以“产品上”方式使用标识，认证产品应满足标识或标签持有人所规定的资格要求。对于有争议的来源，应当建立尽职调查系统，以降低争议来源原料风险。

（三）管理体系最低要求

管理体系最低要求及CoC控制关键环节见图7.10和图7.11所示。

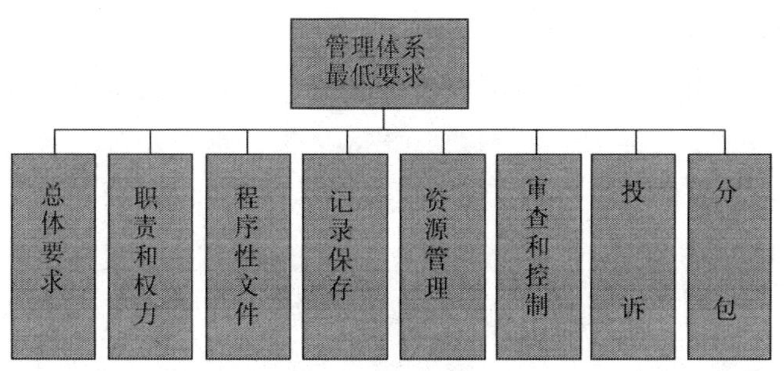

图 7.10　管理体系最低要求

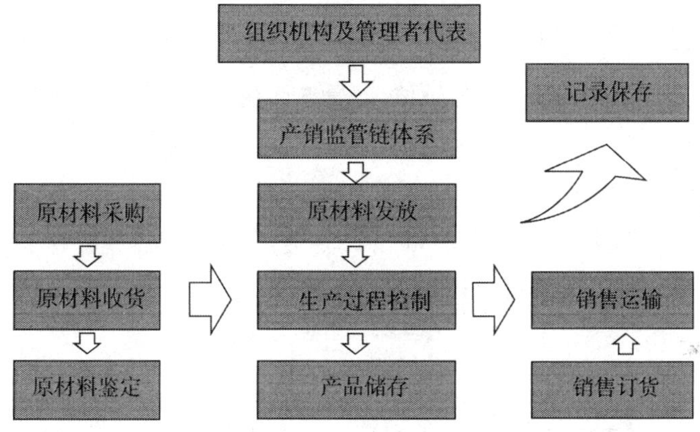

图 7.11　CoC 关键控制环节

1. 总体职责

建立和运行产销监管链体系；指定/授权专人负责产销监管链工作，包括原料采购和来源判别，产品加工、物理分离或百分比计算、产品转换，产品销售和贴标，记录保存，内部审核和不符合项控制，与有争议来源相关的尽职调查系统；定期自查产销监管链体系运行状况。

2. 程序性文件

（1）产销监管链的组织结构、职责和权力。

（2）原料在生产或交易过程中流通情况，产品组定义等。

产销监管链程序，包括原料来源的判别；认证原料的物理分离（针对采用物理分离法）；产品组定义，认证百分比计算，数量信用的计算和信用账户的管理（针对采用百分比法）；产品的销售或运输，“产品上”的声明与贴标；尽职调查系统的程序（适用时）；内部审核程序；争议解决程序。

3. 记录保存

保存与产销监管链产品组有关的记录，包括：认证原料所有供应商所持的森林经营认证证书或产销监管链认证证书复印件；投入原料来源的声明与运输文件；认证原料百分比计算，最终产品转换数量，信用账户；产品销售或运输文件；尽职调查系统（适用时）；内审、产销监管链评审发现不符合项及改进措施；争议及其解决。记录至少保存 5 年。

4. 资源管理

资源管理包括人力资源或人事以及技术设备。

人力资源或人事是指所有实施和维持产销监管链的人员经过相关培训，具备相关的技能和经验，能够胜任各自的工作。

技术设备是指基础设施和技术设备，满足产销监管链有效实施和运转。

5. 审查和控制

每年应至少进行一次内部审核，涵盖所有要求，建立改进和预防措施（见图 7.12）。每年对内审报告至少评价一次。

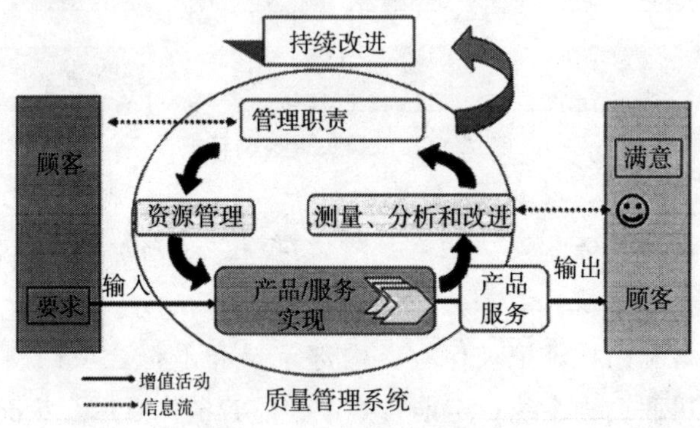

图 7.12 审查与控制流程

6. 投诉

产销监管链的投诉处理程序流程为：接到投诉后，应告知投诉人已收到相关投诉，收集并核实所有信息，评估和验证，做出决策，向投诉人告知投诉处理决定与处理过程，采取适当的改进及预防措施。

7. 分包

应涵盖内部或外部出现的分包行为。分包商从企业接收原料进行分包作业时，将所接收的原料与其他原料分开存放；分包完成后，加工后原料返回；分包商生产的产品，其销售和运输仍应由该企业负责。

分包商应对其产销监管链的分包行为负责。签订分包合同，以确保原料或产品与其他分开存放。内审应涵盖分包活动。

（四）CFCC 尽职调查系统（DDS）

1. 适用对象

如采用了下列原料以外的原料，应实施 CFCC 尽职调查系统：认证原料/产品；再生原料；认证原料/产品中的非认证部分；持有 CFCC 尽职调查系统证书的供应商提供的原料。

应明确实施 CFCC 尽职调查系统的产品组，只可在与尽职调查系统相关的产品组中显示，且管理体系应能够支持 CFCC 尽职调查系统。

应按照下列步骤执行 CFCC 尽职调查系统：供应商的自我声明，风险评估，高风险供应商管理。

如采购原料涉及 CITES 公约附录中的受威胁或濒危物种，则依照 CITES 公约和其他相关国际公约与国家法律法规进行。

不从受到联合国或欧盟林产品进出口制裁的国家采购原料；CFCC 尽职调查系统的产品组中使用原料不得涉及转基因；不涉及森林向其他植被类型转换，包括天然林转化为人工林。

2. 供应商的自我声明

所有涉及 CFCC 尽职调查系统的原料供应商声明，原料不是有争议国家/地区的森林经营单位直接提供的。

供应商的自我声明应承诺：尽最大可能确保原料不涉及有争议来源；提供有关原料来源的国家或地区；被认定高风险时，需提供信息以判定高风险原料的来源和流通过程，包括森林经营单位与整个供应链；被认定高风险时，供应商应在供应链内上游供应。

3. 风险评估

将分为“高风险”类和“低风险”类（见图 7.13）。风险评估应基于下列分析：存在争议来源问题的可能性（国家或地区层面，见表 7.1）以及辨别的潜在争议来源的可能性（供应链层面，见表 7.2）。

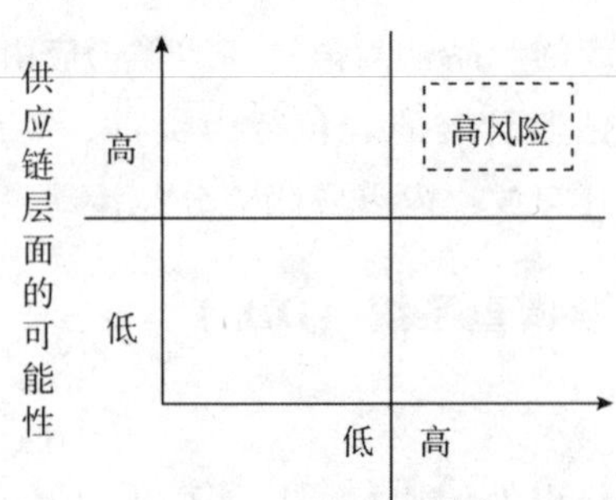

图 7.13　风险评估图

表 7.1　国家或地区层面“高风险”可能性指标表

指标	外部参考来源或举例
中国政府认可的国际组织提供的对该国政府的廉政评价结果	如果该国的廉政评价结果不能真实反映林业部门的廉政情况，CFCC 可以做出不同的决定
被公认为森林施政和执法水平低的国家或地区	可利用内部调查结果或外部政府或非政府组织进行森林施政、执法、廉政监测的调查结果

表 7.2　供应链层面“低风险”可能性

指　标	外部参考来源或举例
拥有（指未与 CFCC 互认的体系）森林经营认证证书或产销监管链认证证书	（1）森林经营认证； （2）产销监管链认证； （3）非认证原料不会来自有争议来源
通过政府或非政府认定机构的认定，或者有争议来源活动的森林认证体系以外的标签机制的认可	能提供有关核查范围或许可机制证据
提供的文件可判定供应链上的所有供应商和供应源头的森林经营单位，证明符合法律法规要求	证据可以是执法机构出具的证明，也可以是执法机构颁发的采伐许可证或批准的森林经营方案

4. 高风险供应管理

（1）总体要求。

被划为“高风险”的供应商，应当建立一套第二方或第三方核查程序，包括确定整个供应链和供应源头的森林经营单位，现场核查，以及改进和预防措施。

供应链的确定：“高风险”供应商应提供整个供应链和供应源头的森林经营单位的详细信息，以满足企业进行现场核查。

（2）现场核查。

可进行第二方核查、第三方核查。如提供的文件能充分证明非争议来源，可用文件审核。现场核查时，应充分了解高风险来源供应与争议来源判定的法律法规。核查高风险供应商抽样数，样本大小是“高风险”供应商数量的平方根，即 $y=\sqrt{x}$，或 $y=0.8\sqrt{x}$。

现场核查直接供应商和供应链上的所有上游供应商及供应源头的森林经营单位。

改进和预防措施包括：制定纠正验证程序以纠正发现的不符合项；根据不符合项程度确定改进措施，针对不符合项与供应商沟通，要求改正，供应商制定改进措施，以符合法律法规要求，停止使用供应商的供货；未按照要求做的供应商，取消其供货资格。

（五）多地点实施产销监管链

1. 定义

多地点企业是具有一个明确中心（“中心办公室”）和多个地方性办公室或分支机构（地点）的企业。中心办公室负责制定、控制和管理相关活动，地方性办公室则负责实施这些活动。多地点企业不一定是实体，但与中心办公室存在法律或合同关系，属于一个产销监管链，接受中心办公室监督审核。中心办公室有权要求分支机构（地点）实施改进措施。

多地点企业可以是具有隶属关系或多个分支机构，通过共同所有权、管理系统或其他组织关系联系在一起，也可以是不同独立合法企业组成的团体（生产商团体）。

生产商团体是指独立小型企业，通过产销监管链认证而组成的团体。生产商团体的中心办公室可称作“团体实体”，分支机构（地点）可称作“团体成员”。生产商团体只允许来自同一个国家，每个地点专职员工不超过 50 名，且年营业额不超过 6 000 万元人民币。生产商团体也应符合相关认可机构所制定的其他标准。

2. 多地点企业认证标准

多地点应集中管理和集中审查（见图 7.14）。对于所有相关点（包括中心办公室）都要依据内审程序进行审核。多地点企业应证明中心办公室已建立了产销监管链体系，且所有地点都符合要求。中心办公室有能力收集并分析所有地点的数据，还能够改进这些地点产销监管链运行。

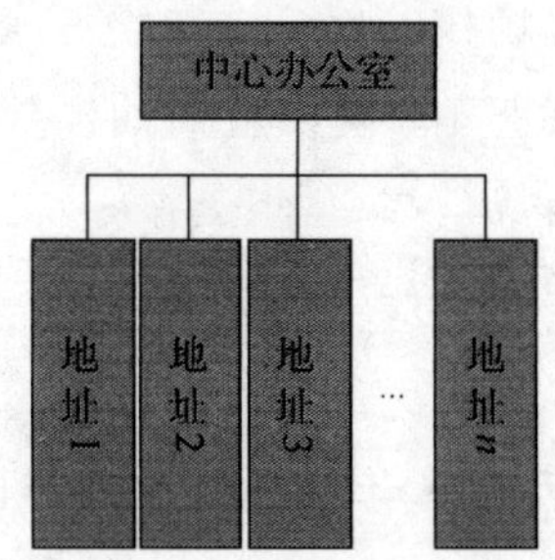

图 7.14　多地点企业架构

中心办公室的作用和职责包括：代表多地点与认证机构沟通和交流；提交认证申请并说明认证范围；维持与认证机构的合同关系；提交扩大或减小认证范围，包括地点数量的变动；作为代表，承诺将建立产销监管链并保持其运行；提供有效实施和维持产销监管链所需的信息及指南；保证各分支机构建立运行产销监管链体系；制定管理多地点企业程序；对各认证地点符合本标准的情况进行信息记录；实施内审，内容涉及内审、外审结果；建立改进和预防措施，并评估改进措施有效性。

各认证地点（分支机构）作用和职责包括：建立运行产销监管链体系；承诺遵守产销监管链要求；对中心办公室或认证机构在数据、文件或其他信息等方面的要求做出有效回应；配合并协助完成中心办公室的内审和认证机构外审；实施中心办公室所制定的相关改进和预防措施。

（六）产销监管链的社会、健康、安全要求

应制定政策，承诺执行并遵守对社会、健康和安全要求。企业应制定政策，保障工人有参加和组织工会、选择自己代表并集体与雇主协商的权利，禁止强迫劳动，工人年龄不能低于法定最低年龄 16 周岁，工人享有公平的就业机会和公正的待遇，工人的安全与健康不受损害。

三、产销监管链认证审核

产销监管链认证审核流程如图 7.15 所示。

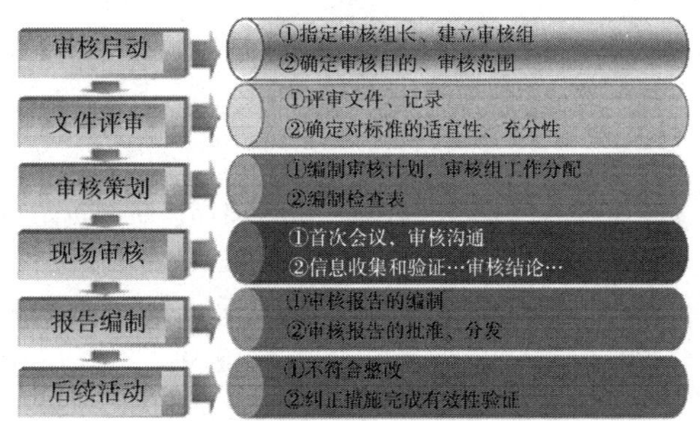

图 7.15　审核流程图

1. 文件评审与审核策划

现场审核之前，认证机构会将相关背景信息发送给审核员，包括认证申请书、企业名称、联系方式、地理位置、企业简介及业务信息（企业类型、产品、树种、认证材料的来源、声明与百分比）、CoC 体系文件。

[illegible]

的协调性，识别生产工序中的关键节点。针对企业背景信息，确定审核要点、认证类型、认证范围、适用审核标准、适合的交通方式及需要投入的时间等。

现场审核之前，审核员应编写审核计划并提供给企业，商定落实审核安排与审核资源，明确审核日程安排；准备 CoC 体系的控制体系文件；明确参与审核人员，确保当天能够出席；准备与认证相关的文档和记录；明确认证材料跟踪步骤与方法。

2. 现场审核

现场审核开始于首次会议。审核员要说明审核的目标和程序。随后，检查企业的程序和体系，检查生产现场，采访员工，检查记录，并通过

末次会议结束审核。

审核方法包括文件资料审核、现场查看与人员访谈。

文件资料审核要核实前期文审中发现的问题；检查 CoC 体系的运行情况，如内审等；核查记录，包括采购协议、采购发票、验收单、生产记录、提货单或其他运输文件、销售发票及企业宣传册等。

现场查看要查看生产工序关键节点，如原料堆放、投料、半成品/成品转运、出入库；工厂安全生产状况；环境卫生状况；劳动保障；相关法律、法规的符合程度。

人员访谈要讨论核实文件、记录、CoC 程序。访谈员工包括：原材料采购负责人、生产经理、管理人员/会计、销售与市场人员、记录保存/归档人员。

3. 审核评估与审核结论

（1）证据的收集与记录。

客观证据的收集：可陈述、可验证的特征，是客观存在的事实，没有任何个人猜想、推理成分。收集时，随时做好记录。记录应准确及时、清楚全面，可追溯。必要时，应得到企业陪同人员的确认。

（2）客观证据评价。

对审核收集到的客观证据进行整理分析、筛选评价，形成审核发现。

审核发现可分为符合或不符合。在适当的审核阶段，特别是在与企业举行末次会议之前，企业应对审核发现的不符合项进行确认。

4. 不符合整改的有效性验证

不符合项的确认需要得到受审核方的确认，审核组应听取受审核方的意见，查清造成问题的原因，有利于不符合整改；如受审核方提出补充证据，证明审核员对不符合陈述有误，经过补充调查核准，应勇于修正错误；在双方有争执时，应尽量耐心说服受审核方。

进一步可以分为不符合项与观察项，不符合项又分为轻微不符合与严重不符合。

不符合报告的基本内容包括支持审核发现的审核证据、不符合要求的条款及不符合声明。

不符合报告编写要求准确描述客观事实，证据确凿，依据清楚；写出必要的细节，具有可重查性和可追溯；语言简明精练，概括不符合的核心问题；观点、结论要从事实中流露；使用规范术语（如标准或体系文件术语）。

审核组内相互沟通，统一意见。存在问题不是孤立的，常常存在某些联系。审核组成员讨论、交流，互相补充印证，有利于发现受审核方体系中的问题。审核组成员的充分讨论也有助于更准确、更全面地做出判断，避免审核员个人收集信息的局限所带来的片面性。是否形成不符合，由审核组长确定。

认证审核是一个有机整体，GB/T 28952—2012 各项原则、标准是相互联系、相互平衡的，审核结论要根据审核发现综合评价，做出准确的符合客观实际的审核结论。

产销监管链认证审核结论，可分为以下几种：推荐认证，没有发现严重不符合；不推荐认证，存在一项或多项严重不符合；有条件推荐认证。

不符合验证可根据不符合类型，采用附加现场访问、对受审核方提交的文件证据审核两种方式进行。

不符合验证应从受审核方对产生不符合的原因分析、纠正措施与实施效果进行确认。如证实所描述的纠正措施已完全实施，并对预防不符

第八章　森林认证现场审核操作与实践

本章主要介绍森林认证现场审核的相关内容，包括审核的概念、程序与内容，以及对于审核员的要求。

一、审核的定义

（一）审核的定义

审核是指为获得审核证据并对其进行客观的评价，以确定满足审核准则的程度，所进行的系统的、独立的并形成文件的过程。

（二）审核的形式

审核的形式包括：

内部审核，有时称为第一方审核，由组织自己或以组织的名义进行，用于管理评审和其他内部目的，可作为组织自我合格声明的基础。在许多情况下，尤其在小型组织内，可以由与受审核活动无责任关系的人员进行，以证实独立性。

外部审核，包括通常所说的“第二方审核”和“第三方审核”。第二方审核由组织的相关方（如顾客）或由其他人员以相关方的名义进行。第三方审核由外部独立的审核机构进行，例如那些对 GB/T 19001 或 GB/T 24001 要求的符合性提供认证或注册的机构。

当两个体系被一起审核时，称为“结合审核”。如质量管理体系和环境管理体系被一起审核时。

当两个或两个以上审核机构合作，共同审核同一个受审核方时，这种情况称为“联合审核”。

（三）审核准则

审核准则是指一组方针、程序或要求。审核准则是与审核证据进行比较的依据。森林认证的审核准则包括：标准、法律法规、管理体系文件。

（四）审核证据

审核证据是指与审核准则有关的并且能够证实的记录、事实陈述或其他信息。审核证据可以是定性的或定量的。

（五）审核发现

审核发现是指将收集到的审核证据对照审核准则进行评价的结果。审核发现能表明符合或不符合审核准则，或指出改进的机会。

（六）审核结论

审核结论是指审核组考虑了审核目的和所有审核发现后得出的审核结果。

二、审核程序和内容

审核活动大致分六个阶段：审核的启动；文件评审的实施；现场审核的准备；现场审核的实施；审核报告的编制、批准和分发；审核的完成。

审核后续活动的实施通常不视为审核的一部分。这里应当重点关注审核程序与认证程序的不同。

（一）审核的启动

审核的启动包括：指定审核组长，选择审核组，确定审核的目的、范围和准则，确定审核的可行性，与受审核方建立初步联系，取得受审

核方相关文件。

1. 预审核和主审核

森林经营认证应开展预审核和主审核；其他认证类型可直接进行主审核。预审核是在主审核之前，确定受审核方与审核准则的主要差距或问题，为主审核做准备。主审核是对受审核方做出正式和全面的审核，应覆盖认证依据的所有要求。

(1) 预审核。

预审核一般包括以下内容：对组织管理体系文件进行评价；确认认证范围；明确认证要求；收集重要的文件和记录，例如国家和地方适用的法律法规和要求、森林经营方案、产品清单和森林分布图、林相图等文件；对组织的管理体系运行情况进行初始评价；根据所获得的信息，判断组织可能存在的主要问题和与标准的差距并提交不符合项报告；初步确定各利益相关方并形成清单；审核组长提交书面的预评估报告。

一般情况下，预审核结束后3～6个月内森林经营单位应完成不符合项的整改，申请主评估。

(2) 主审核。

在完成不符合项整改后，森林经营单位可正式提出主评估申请。

森林经营认证的主评估一般由一个3名以上（含3名）审核员组成的审核组承担。审核组包括了社会、经济和环境方面特长的审核员；如需要，还可聘请有关方面专家参加审核组。

主评估内容必须覆盖认证标准的所有要求，以及经确认的申请认证范围内管理体系所涉及的所有部门、区域、活动和过程。审核的主要方式包括文件审核、现场审核、相关利益方访谈、必要时的测量等。现场审核之后，审核组长根据现场审核发现，依据森林经营认证审核导则要求编写审核报告。

2. 编制审核方案

审核方案的策划：依据认证审核的相关管理规定、审核依据及受审核方相关信息，进行审核方案的策划。

审核方案的编制：针对特定的认证项目，认证事业部安排具有审核方案管理资格的人员编制审核方案。审核方案的内容随认证类型、认证客户的规模、性质和复杂程度确定。

审核方案的控制：审核方案管理人员根据每次审核结果和有关信息，对审核方案进行调整和更新。

3. 审核方案内容

审核方案包括：审核目的，审核准则和其他规范性文件，审核频次，审核范围，审核时机，审核时间的确定（包括审核人日数确定），审核组的要求以及审核内容和要求（包括抽样要求和关注重点）。

4. 审核组的组建

认证事业部根据《审核方案》提出审核组长人选，报中林天合总经理审定批准；认证事业部编制《审核组长任命书》下达至审核组长本人；审核组长根据审核任务要求拟定审核组其他成员，报认证事业部备案；现场审核实行组长负责制。组长对审核结果的准确性、真实性、完整性负责。

5. 审核组长职责

审核组长职责包括：负责与中林天合、受审核方之间的联络；负责对受审核方提交的文件与技术资料的审查，并根据资料审查情况，向中林天合提出是否可以实施现场审核的建议；负责策划审核过程，编制现场审核日程表（审核计划）；负责对审核组成员进行必要的培训和对见习审核员的指导；主持和管理现场审核，协调和监督审核员的活动，并对审核组成员的现场审核表现进行综合评价；负责对现场审核中发现的不符合项整改的验证；负责组织编制审核报告，向中林天合提出是否通过认证的建议。

6. 确定审核范围

审核范围是指审核的内容和界限。审核范围通常包括对实际位置、组织单元、活动和过程以及所覆盖的时期的描述。通常审核范围为：覆盖受审核方管理体系所涉及的场所区域，包括地理位置和职能部门；涉及产品类别和产品实现所有活动与过程；基于受审核方特点的不同（有关认证标准应用或删减范围）、覆盖时间段的要求，全面审核或部分审核。

（二）文件评审的实施

文件评审人员：通常由审核组长进行，如果认证机构指定其他审核员进行，组长应掌握评审的结果。

文件评审的依据：主要为管理体系标准与适用的法律法规。

对资料审查时发现的疑点或问题，审核组长应及时与受审核方沟通，要求其进一步说明问题、补充相关资料或进行修改。

审核组长在文件资料审核合格后，填写文件审核报告表，建议实施现场审核。

受审核方提供的文件资料至少应包括（FM）：受审核方所经营林地的合法林权证或承包、租赁经营的合法证明；受审核方的组织架构及人员构成；受审核方管理体系文件；受审核方所经营林地的《森林经营方案》；环境影响评估报告；社会影响评估报告。

受审核方提供的文件资料至少应包括（CoC）：受审核组织的营业执照、税务登记证等合法经营的证明文件；受审核组织的组织架构及人员构成；受审核组织的 CFCC－CoC 管理手册、程序文件；受审核组织 CFCC－CoC内审报告及内审文件；原料供应商清单；尽职调查系统（DDS）评估报告；认证产品组清单。

（三）现场审核的准备

1. 编制审核计划

审核组实施现场审核前应制订审核计划，审核计划由审核组长编制，审核组长应根据受审核方的特点、规模、性质和复杂性编制审核计划。

审核计划应包括：现场审核时间和审核人日数；审核组成员名单；审核依据；审核范围和审核覆盖区域；审核日程安排。

现场审核前 10 日审核组应将审核计划发给受审核方，并应得到受审核方的书面确认。同时，应与受审核方初步商定现场审核地点、审核路线、相关利益方名单（必要时）。

2. 审核前培训（准备会议）

3. 审核组工作分配

4. 准备工作文件

（四）现场审核的实施

1. 首次会议

首次会议时，应当由审核组长介绍审核组成员和被审核机构与会的主要成员；记录参加会议的人员；介绍审核的目的、范围和依据；宣读审核计划、分组情况并请受审核方确认，如有变化应当说明；指定陪同人员，并强调陪同人员作用；介绍审核方式、方法、审核结论报告方式；审核员规范声明和保密原则声明；不符合项整改介绍（主评估）；确定审核日程安排；明确限制条件；有关审核可能被中止的条件和信息；受审核组织领导发言；文件审核；现场审核；相关利益方访谈；审核员会议；与受审核方管理者代表沟通；末次会议。

2. 重点

现场审核的重点是审核受审核方在组织管理体系、森林经营生产控制规范和技术措施与相应的标准准则的符合性，以及所制定的管理规定、生产控制规范与技术措施在实际生产过程中实施的有效性。

3. 方法

在现场审核期间，审核员可通过以下方法，寻找与标准要求的符合性的证据：与员工及其他相关人员的面谈；进入与审核相关的场所，对活动及周边环境和条件进行观察；查阅相关文件，如计划、程序、标准、指导书、规范、合同、订单等；查阅相关记录，如会议纪要、监测记录、检验记录、培训记录、审核报告等；需要时的测量；其他方面的报告，如顾客反馈、其他认证体系的认证、来自外部的评价信息、媒体网络信息等。

4. 审核员现场操作

审核员在现场审核时应做到：熟练掌握和运用审核原则、程序和技术；通过有效的面谈、倾听、观察和对文件、记录和数据的评审来收集信息；验证所收集信息的准确性；确认审核证据的充分性和适宜性以支持审核发现和结论；使用工作文件记录审核活动；维护信息的保密性和安全性。

5. 文件审核

审核员核查经营单位文件，主要包括：森林经营环境、森林经营管理政策、法律法规文件；森林经营方案、经营方案修订记录；森林经营方案的实施过程记录；森林经营活动监测记录（资源、林政、病虫害、火灾等）；各种培训记录；各种设计文件、检查验收文件；各种报表、纳税记录；职工权益保障制度及实施记录；营林生产外包合

同及技术文件。

6. 现场审核

现场审核主要地点：作业现场，如当年的采伐（主伐、抚育伐）、造林、更新、抚育作业小班或迹地；苗圃、贮木场、料场；施工现场如筑路、修路现场；各类保护区、重点公益林、森林公园、水源地等；化学品、危险品的储存和使用地。

7. 信息的收集和验证

（1）信息源。

信息源可以根据审核的范围和复杂程度而不同，可包括：与员工及其他人员的面谈；对活动、周围工作环境和条件的观察；文件，如计划、程序、标准、指导书、规范、合同、订单等；记录，如检验记录、会议纪要、审核报告、监测记录等；数据的汇总、分析和绩效指标；受审核方抽样方案的信息，抽样控制程序和测量过程的信息；其他方面的报告，如顾客反馈、来自外部和供方排名的相关信息；计算机数据库和网站。

（2）收集信息、审核证据的方法。

主要包括：面谈、对活动的观察、文件评审、需要时的测量等。

其中面谈是收集信息的一个重要手段，应当在条件许可并以适合于被面谈人的方式进行。

在实施面谈时审核员应当考虑：面谈人员应当来自审核范围内实施活动或任务的适当的层次和岗位；面谈应当在被面谈人正常工作时间和（可行时）正常工作地点进行；在面谈前和面谈过程中应当努力使被面谈人放松；应当解释面谈和做记录的原因；面谈可通过请对方描述其工作开始；应当避免提出有倾向性答案的问题（即引导性提问）；应当与对方总结和评审面谈的结果；应当感谢对方的参与和合作。

（3）合理抽样。

抽样前应当明确抽样的对象和总体；抽样时，保证抽取足够数量的样本，做到分层抽样；样本量应适度均衡，审核员独立、随机抽样，审核员应相信抽取的样本。

（4）利益相关方访谈。

利益相关者主要包括政府机构、林业部门（如林业局各部门代表）、经销商、承包商、非政府组织（如工会、志愿者组织）、研究机构、社区、教育机构、当地居民（特别是少数民族代表）等。

（5）访谈的方法。

访谈方法主要有公众参与的会议（座谈会），单独访谈或对话，咨询信，网站和电子邮件，电话访问，广播、电视新闻媒体报道等。

（6）审核员会议。

审核小组会议的主要内容有：汇总与评审审核发现，记录不符合标准要求的经营活动和文件，提出不符合项 ，确定每个不符合项的严重程度，对审核结论达成一致，准备建设性意见。

①不符合项。

不符合项分为三类，包括严重不符合项、轻微不符合项和观察项。严重不符合项包括系统失效、区域失效、后果严重（产品和体系）；轻微不符合项则分为对于符合性和有效性而言的。

严重不符合项（FM），是指存在系统性失效或缺陷，而直接影响森林可持续经营的，包括但不限于以下任一情况，应判为严重不符合：没有编制森林经营方案，或编制了森林经营方案但未按森林经营方案开展生产经营，或编制的森林经营方案不符合森林认证标准要求；存在的土地权属纠纷已严重影响森林经营活动；违反相关法律、法规；生产经营活动对社会、环境、生态造成严重影响；严重损害当地社区居民权益及其他严重影响森林可持续经营的活动或方式的。

严重不符合项（CoC），是指存在系统性失效或缺陷，而直接影响产品监管链有效运行的，包括但不限于以下任一情况，应判为严重不符合：没有编制 CFCC－COC 管理手册，或编制的管理手册和程序文件不符合森林认证标准要求；编制了管理手册和程序文件但未按其开展生产经营活动；违反相关法律、法规；无法判别原料源自可持续经营的森林、再生原料和其他非争议来源以及其他严重影响管理体系运行和生产经营的活动或方式的。

轻微不符合项是指存在的不符合是孤立或偶发的，非全局性或系统性的。下列情况可确定为轻微不符合：对管理体系不产生重要影响，不影响认证结果的行为；孤立的违法、违规行为；规章、制度、标准等偶尔未被执行，造成的后果不严重的。

观察项不属于不符合。出现观察项的情况有：可能导致相关经营活动达不到预期的效果，尚无证据表明不符合情况已发生；已产生疑问，由于客观原因在审核期间无法进一步核实并做出准确判断。

②不符合报告的主要内容。

不符合报告的主要内容包括：不符合事实的描述，不符合标准、条款及内容，不符合性质，审核员签字、组长认可签字、受审核代表确认签字。

③不符合报告的编写要求。

编写不符合报告时，应当使用被审核方的习惯用语；语言简明、清晰、表述确切；审核证据只作客观描述，不作主观判断；审核证据描述与不符合结论应有一致性；对事不对人，涉及的人只做岗位描述，不提具体人员姓名。

8. 末次会议

末次会议应当重申审核目的、范围和依据，如有变化应当说明；宣读不符合项并确认；说明抽样的局限性；介绍审核方法；体系的有效性评价；宣布现场审核结论，提出纠正措施要求；验证方式；年度监督及缴费要求；证书/认证标志使用要求；受审核组织领导发言。

（五）审核报告的编制

1. 要求

编制审核报告的要求：审核组长应当对审核报告的编制和内容负责；审核报告应提供完整、准确、简明和清晰的审核记录；审核报告语言要精练，尽量使用审核语言，避免推断和推论，减少官话和套话。

2. 内容

审核报告的主要内容包括：概述与审核范围；企业背景；森林经营体系；社会经济和环境；主要的地方性法规和标准；审核过程；审核结果；优势与不足（适宜性、符合性和运行有效性评价）；认证建议。

（六）审核后续活动的实施

主要是纠正和预防。纠正是指为消除已发现的不合格所采取的活动和措施。纠正措施是指为消除已发现的不合格或其他不期望情况的原因所采取的措施。预防措施是指为消除潜在不合格或其他潜在不期望情况的原因所采取的措施。

1. 纠正措施的验证

审核组应从以下几方面对受审核方提交的整改材料进行验证：对存在的不符合行为是否进行了原因分析，原因分析是否准确、全面；制定的纠正措施是否具有针对性；存在的不符合行为是否已得到纠正；纠正措施是否有效，能否保证类似问题不再发生。

纠正措施验证方式包括：在现场审核期间验证；现场验证；书面验证；在随后的审核中验证。

2. 监督审核

根据认证实施规则，获证后 12 个月内进行第一次监督审核，以后每 12 个月进行一次监督审核。

监督审核的重点为：上次审核发现的不符合项的整改；证书和标志的使用情况；管理评审和内审的有效性；申述、投诉与争议的记录及处理和反馈情况；森林经营活动的符合性和稳定性。

在一个认证周期内监督审核应覆盖标准的全部内容和全部的经营活动类型。

3. 再认证

再认证现场审核原则上同初次认证，为全条款、全部门审核。

再认证现场审核的实施同初次认证，但在编制再认证审核计划前，审核组长应进行一次对受审核方上一认证周期的绩效评审。评审的主要内容包括：获证受审核方接受监督审核次数；监督审核所开具的不符合项的分布情况；对严重不符合项的跟踪验证情况；受审核方有无具体的薄弱环节；申述、投诉与争议的处理情况。

审核程序和流程按初审程序控制。

三、审核员的个人素质

（一）审核员的个人素质

要求审核人员具备以下个人素质：

①有道德：公正、可靠、忠诚、诚实和谨慎。

②思想开明：愿意考虑不同意见或观点。

③善于交往：能灵活地与人交往。

④善于观察：主动地认识周围环境和活动。

⑤有感知力：能本能地了解和理解环境。

⑥适应能力强：能适应不同情况。

⑦坚韧不拔：对实现目标坚持不懈。

⑧明断：根据逻辑推理和分析及时得出结论。

⑨自立：在同其他人有效交往中能独立工作并发挥作用。

（二）审核员的审核技能

要求审核人员掌握以下审核技能：

①掌握和运用审核原则、程序和技术。

②对工作进行有效的策划和组织。

③按商定的时间表进行审核。

④优先关注重要问题。

⑤通过有效的面谈、倾听、观察和对文件、记录和数据的评审来收集信息。

⑥理解审核中运用抽样技术的适宜性和后果。

⑦验证所收集信息的准确性。

⑧确认审核证据的充分性和适宜性以支持审核发现和结论。

⑨评定影响审核发现和结论可靠性的因素。

⑩使用工作文件记录审核活动。

⑪编制审核报告。

⑫维护信息的保密性和安全性。

⑬通过个人的语言技能或通过翻译人员有效地沟通。

四、森林认证的资料准备

（一）森林认证的准备工作

森林认证的准备工作主要包括：资料收集、人员培训、完善健全管理体系、编制必要的技术文件和管理规定、完善档案、内部审核。

（二）森林认证的资料准备

1. 相关的规划与报告

包括：森林经营方案，森林经营活动的环境影响评估报告，森林经营活动的社会影响评估报告，森林经营认证管理体系内审报告及管理评审报告，森林资源监测报告，森林资源调查成果。

2. 管理体系最低要求

（1）与职工权益、社区居民有关的制度。

包括《工会管理制度》《就业困难人员认定救助管理办法》《失业人员登记管理办法》《劳动合同》《劳动争议调解委员会管理办法》《纠纷解决管理办法》《财务制度》《职工加班及补助相关规定》《再就业培训制度》《职工培训管理制度》《劳保用品发放管理规定》《森林经营沟通机制管理办法》《行政执法公示制度》《政务公开公示制度》等。

（2）有关安全生产的管理规定。

包括《安全生产责任状》《安全教育宣传实施方案》《安全生产合同书》《安全管理人员岗位安全职责》《安全生产培训制度》《重大生产安全事故应急预案》《自然灾害应急预案》《伤亡事故和职业病统计和处理制度》《特种作业人员培训管理办法》等。

（3）有关森林经营活动的相关规定。

上级主管部门下发的相关文件、《森林经营方案实施岗位职责》《林政执法手册》《林政执法普法宣传相关规定》《森林资源管护管理办法》《野生植物资源利用管理办法》《非木质林产品（林下经济）经营发展规划》《非木质林产品采集利用管理办法》《林木种子管理办法》《苗圃管理办法》《森林资源监测实施方案》《森林资源档案管理办法》《森林经营活动档案管理办法》《鼓励员工利用森林资源创业的相关规定》《珍稀濒危野生动植物保护相关规定》《野生动植物监测方案》《森林经营活动（生产活动）监测方案》《高保护价值森林保护方案》或重点公益林保护、中幼林抚育等相关规定、年度作业（或经营）计划（采伐、抚育、造林、多种经营等）相关规定、《化学品使用管理规定》《化学品存储保管制度》《化学废弃物管理办法》《垃圾回收处理管理制度》《化学品的意外泄漏应急预案》《苗圃化学药品出入库管理办法》（如适用）、《林木引种和外来有害生物入侵管理规程和办法》《关于减少动物或放牧对环境影响的管理办法》(如适用)、《森林病虫害防治有关的规定》《森林防火有关的规章制度》《森林防火应急预案》等。

3. 合法证照

包括：受审核单位营业执照、税务登记证（国、地税）、法人代码证等证照；林权证或租赁合同；《林木种子生产许可证》和《林木种子经营许可证》(如必要)。

4. 相关记录与图、表

包括：森林认证证书（复印件）；年度财务决算报告（资产负债表、损益表、现金流量表等）；上年缴纳的税费种类清单、纳税情况及各种完税、缴费证明；符合《中国森林认证　森林经营》(GB/T 28951—2012) 附录A要求的国家相关法律法规、附录B要求的国家签署的相关国际公约和地方相关的政策、规定及规程、指南等文件清单及文本、附录C要求的相关技术规程和指南；如果存在违法经营行为，应提交原始记录，并提供处理结果文件；如有承包、租赁或林权转让情况，森林经营单位提供相关文件；森林经营区划图及相关的林班图、林相图等；采伐许可证清单（如有采伐需提供）；近年来占用、征用林地和改变林地用途的报告，并提供相关部门的审批文件；年度作业计划设计及批准文件（采伐、抚育、更新造林等）、各项森林经营活动保留的记录和统计报表，包括计划、设计、作业、验收等；森林资源档案记录、森林资源监测记录、野生动植物监测记录、有害生物监测记录、生产活动档案记录、森林防火监测记录、木材跟踪档案记录等；上年木材采伐计划和木材采伐资源消耗量小于林木生长量的说明，以及上级林业主管部门批复文件；珍稀濒危野生动植物清单及图示、重点生态公益林和高保护价值森林图示；种苗种子的“两证一签”或外购苗木的“两证一签”及木材销售的检疫证和运输证等记录；基础设施建设工程清单及投资情况说明；化学用品清单；职工出勤记录，每日工作时间及假日休假记录，假日工作职工工资表，职工工资表，职工伤亡事故，职业病统计处理报告，用工表及女职工、未成年工实行特殊劳动保护的情况报告，培训计划，培训记录，培训总结；内审及管理评审记录。

文件审核包括但不限于以上文件。

参考文献

［1］陈昱，陈银蓉，马文博．基于 Logistic 模型的水库移民安置区居民土地流转意愿分析——四川、湖南、湖北移民安置区的调查［J］．资源科学，2011，33（6）：1178－1185.

［2］侯元兆．林业可持续发展和森林可持续经营的框架理论［J］．世界林业研究，2003，16（1）：1－6.

［3］杜智敏．抽样调查与 SPSS 应用［M］．北京：电子工业出版社，2010.

［4］管志杰．森林认证效应及政府的政策选择研究［D］．南京：南京林业大学，2011.

［5］贾珊．个人参与碳减排的行为及其支付意愿的影响因素研究［D］．成都：西南财经大学，2012.

［6］蒋敏元，唐宏．浅析森林认证对我国相关利益主体之影响［J］．中国林业企业，2005（3）：5－7.

［7］景杰．从森林认证到区域生态认证——区域可持续发展的市场化路径［J］．世界林业研究，[illegible]

［8］景谦平，侯元兆．森林资产评估的基本要素［J］．世界林业研究，2006，19（2）：1－6.

［9］李莹，白墨，张巍，等．改善北京市大气环境质量中居民支付意愿的影响因素分析［J］．中国人口．资源与环境，2002，（6）：125－128.

［10］李伟．中国陆地生态系统服务功能及其价值评估［D］．杭州：浙江农林大学，2011.

［11］连洁梅．伊春林改后森林资产评估研究［D］．北京：北京林业大学，2012.

［12］林月华．森林认证对林产品贸易的影响［D］．北京：中国林业科学研究院，2005.

[13] 刘娟．论森林可持续经营及森林认证［J］．林业调查规划，2005，30（3）：62－67．

[14] 刘禹君．黑龙江省国有森工企业森林认证的影响因素研究［D］．哈尔滨：东北林业大学，2013．

[15] 于文金，谢剑，邹欣庆．基于CVM的太湖湿地生态功能恢复居民支付能力与支付意愿相关研究［J］．生态学报，2011，31（23）：7271－7278．

[16] 刘凯．农田生态系统服务功能及其评价［D］．成都：西南财经大学，2012．

[17] 刘思慧，罗明灿，刘季科，等．森林认证与系统思想［J］．林业经济问题，2003，23（4）：187－190．

[18] 刘燕，田明华，李明志．森林认证产品的国际竞争力分析［J］．北京林业大学学报（社会科学版），2005，4（3）：40－44．

[19] 刘燕，田明华，钱军．森林认证与林产品国际贸易关系初探［J］．北京林业大学学报（社会科学版），2006，5（4）：48－53．

[20] 卢纹岱．SPSSfor Windows 统计分析［M］．北京：电子工业出版社，2002．

[21] 陆文明．森林认证与生态良好［J］．世界林业研究，2001，14（6）：54－62．

[22] 孟宪军．集体森林资源资产评估制度研究［D］．杭州浙江农林大学，2012．

[23] 邱亦维，杨刚．绿色贸易壁垒对中国林产品出口的影响及对策［J］．国际贸易问题，2007，293（5）：23－28．

[24] 沈玲，曾勋，谢冬明．世界森林认证的发展现状及对中国森林认证的启示［J］．南方林业科学，2010（1）：32－36．

[25] 宋军卫．基于统计分析方法的雾霾影响因素分析［D］．北京：中国林业科学研究院，2012．

[26] 银小柯．不同经营模式下福建林农林业投入研究［D］．福建农林大学，2012．

[27] 王艳霞．福建主要人工林生态系统碳贮量研究［D］．福建农业大学，2010．

［28］田茂佳．我国森林认证驱动力分析［D］．雅安：四川农业大学，2012．

［29］涂祥闻．森林可持续经营的理论与实践［C］．森林可持续经营与生态文明学术研讨会，2008．

［30］王香奕，马阿滨．森林认证的成本效益分析［J］．森林工程，2005，21（1）：64—66．

［31］王亚明．国际森林认证体系与建立中国森林认证体系的初步研究［D］．北京：北京林业大学，2005．

［32］吴玲玲，陆健健，童春富，等．长江口湿地生态系统服务功能价值的评估［D］．北京：长江流域资源与环境，2003，12（5）：411—416．

［33］吴明隆．SPSS统计应用实务——问卷分析与应用统计［M］．北京：科学出版社，2003．

［34］向靓．资产评估对经济发展贡献的实证研究——以金融市场为例［D］．北京：首都经济贸易大学，2012．

［35］谢昕昕，赵凯，徐艳．城乡居民对耕地非市场价值支付意愿的影响因素［J］．贵州农业科学，2013，41（1）：213—216．

［36］王亚明，孙玉军．森林认证的影响分析［J］．森林工程，2015，21（4）：5—7．

［37］徐斌．森林认证对森林可持续经营的影响研究［D］．北京：中国林业科学研究院，2010．

［38］涂方祥，管仲连．FSC国际森林认证操作指南［M］．北京：化学工业出版社，2005．

［39］薛达元．生物多样性经济价值评估——长白山自然保护区案例研究［M］．北京：中国环境科学出版社，1997．

［40］鲁春霞，谢高地，肖玉，等．青藏高原生态系统服务功能的价值评估［J］．生态学报，2004，24（12）：2749—2755．

［41］姚贵宝，王立海．FSC与ISO森林认证体系比较及在我国适应性研究［J］．森林工程，2004，20（5）：1—4．

［42］李文华，张彪，谢高地．中国生态系统服务研究的回顾与展望［J］．自然资源学报，2009，24（1）：1—10．

［43］于玲，颜帅，谢家禄．森林认证体系的内涵与基本特征［J］．北京林业大学学报（社会科学版），2004，3（4）：48－52.

［44］于伸，肖生灵．森林认证与中国木材产品市场［J］．森林工程，2004，20（2）：6－8.

［45］余松柏，梁思明．新形势下森林资产评估难点及其评估方法探讨［J］．中南林业调查规划，2012，31（2）：45－49.

［46］战立强．FSC 认证对我国林产品出口的影响与对策［J］．中国林业企业，2004（2）：25－27.

［47］张新欣，郑小贤，徐斌．国内森林经营单位 FSC 森林认证结果分析［J］．林业调查规划，2007，32（2）：72－77.

［48］朱臻，沈月琴，张晓燕．公众购买森林认证产品意愿的实证分析［J］．浙江林业科技，2007，27（5）：32－35.

［49］周新年，刘永川，胡永生，等．我国开展森林认证面临问题与对策［J］．林业资源管理，2003，（6）：4－8.

［50］张晓燕，周宇川，沈月琴．森林认证及其影响分析——基于对浙江省的案例分析［J］．华东森林经理，2007（1）：7－11.

［51］朱文吉，梁冬玲．试论森林认证及其在我国实施中将遇到的问题［J］．森林工程，2002，18（4）：3－4.

［52］Molnar A. Forest Certification and Communties：Looking Forward to the Next Decade［J］. The International Forestry Review，2010（2）：27－45.

［53］Baharuddin H G，Simula M. Certification Schemes for All timber and Timber Products in Japan［J］. International Tropical Timber Organzation，2012.

［54］Carolyn Fischer，Francisco Aguilar，Puja Jawahar，et al. Forest Certification：Toward Common Standards?［C］. America：Resources for the Future，2013：5－10.

［55］Christopher Aitken. Powerlessness and the Commons Dilemma：Assessing New Zealanders′ preparedness to act［J］. Global Environmental Change，2011（21）：752－760.

［56］Droste H J. Impacts of Certification on Sustainable Forest

Management [N]. Working Group Meeting, 2010, 1: I.

[57] Freeman A. Myrick. Willingness to Pay Entrance Fees to Natural Attractions: An Icelandic case study [J]. Tourism Management, 2008 (6): 1076—1083.

[58] Guide Fuchs. Impacts of Certification on Sustainable Forest Management [R]. Forest Management, 2012 (6): Ⅱ.

[59] Hadley Archer, Robert Kozak and David Balsillie. The Impact of Forest Certification Labeling and Advertising: An Exploratory Assessment of Consumer Purchase Intent in Canada [J]. The Forestry Chroncle, 2008 (2): 229—244.

[60] Junhee cha. Consumer Willness to pay Price Premium for Certified wood products in North Korea [J]. Korea Forest, 2009 (2): 203—211.

[61] Marcinkowski TJ. An analysis of correlates and predictors of responsible environmental behavior [J]. Southern University at Carbondale, 1998.

[62] Mitchell. Pricing Policy in Nature-based Tourism [J]. Environmental Science, 1996 (4): 247—254.

[63] Oliver Tickell. Certification——The future of world forest [J]. WWF Forest for Life Campaign, 2012 (6): 10—12.

[64] Patrick B Durst, philip. Mckenzie. Challenges Facing Certification and Ecolab of Forest Products in Developing Countries [Z]. Australia: Special Paper Presented at the IUFRO Congress, 2010.

[65] Patrick Griffiths, Tobias Kuemmerle, Matthias Baumann, et al. Forest Disturbances, Forest Recovery, and Changes in Forest Types Acrossthe Carpathian Ecoregion from 1985 to 2010 Based on Landsat Image Composites [J]. Remote Sensing of Environment, 2013 (5): 34—38.

[66] peter H. May. Forest Certification in Brazil [R]. America: Forest Certification in Developing and Transitioning Societies: Social, Economic, and Eeological Effects. 2014 (4): 4—8.

[67] Priyan perera. Richard p. Vlosky. A History of Forest Certification [R]. Louisiana Forest produets Development Center Working paper ，2006（71）：3－5.

[68] Stem P C. Toward a Coherent Theory of Environmentally Significant Behavior [J]. Journal of Social Issues，2000，56（3）：407－424.

[69] Violeta BAJENARUV. The Forest Certification and Eco－labels：A social Progress or New non Tariff Barriers? [R]. CHILE：Proceedings of the 5lst International Convention of Society of Wood Science and Technology，2008，（11）：10－12.

[70] WWF international. Guidelines for Forest Certification. United Kingdom. WWF United Kingdom，Vaughan S. Trade and Labeling. Papei Presented at the International Experts' Working Group Meeting on "Trade，Labelling of forest products and Certification of Sustainable Forest Management" 2006.

[71] Yuan Yuan and Ivan Eastin. Forest Certification and Its Influence on the Forest Products Industry in China [R]. CINTRAFOR，2007，(3)：110.

[72] Zhao et al. A New Explanation for the WTP/Wta Disparity [J]. Economics Letters，2001，73（3）：293－300.

[73] Zheng Yannan，Jiang Minyuan. The Influence of Forest Certification on Forest Product Trade（J）. Journal of Forestry Research，2014（4）：22－24.

[74] 平萍，张建新. 努力建设富强河南文明河南平安河南美丽河南 [N]. 河南日报，2014－05－12（1).

[75] 赵劼，陆文明. 中国森林认证进程及其发展设想 [J]. 中国造纸学报，2004 19（S1）：342－344.

[76] 崔国发，刘方正，郭子良，等. 中国森林认证森林生态环境服务自然保护区（LY/T　2239－2013）　[M]. 北京：中国标准出版社，2014.

[77] 崔国发，郭子良，刘方正，等. 中国森林认证森林公园生态环

境服务审核导则（LY/T 2278－2014） ［M］. 北京：中国标准出版社，2014.

［78］吕爱华，赵劼，张宏亮，等. 森林认证对我国森林经营的效益分析［J］. 浙江林业科技，2013，33（2）：79－83.

［79］陆文明. 森林认证对森林经营和林产品贸易的影响［J］. 湿地科学与管理，2001（4）：16－20.

［80］钟晓云，赵银宽，孟庆丰. 试述森林认证与森林可持续经营的关系［J］. 内蒙古林业调查设计，2011，34（5）：7－8.

［81］张佩，杨伦增. 中国实施森林认证的影响研究综述［J］. 林业经济，2014（8）：103－108.

［82］中华人民共和国国家质量监督检验检疫总局，中国国家标准化管理委员会. 中国森林认证 产销监管链［M］.（GB/T 28952－2012）. 北京：中国标准出版社，2012.

［83］国家林业局. 中国森林认证 产销监管链操作指南（LY/T 2282－2014）［M］. 北京：中国标准出版社，2014.

［84］ISO 9000：2005 IDT，质量管理体系——基础和术语.［S］.

［85］曲向荣. 产业生态学［M］. 北京：清华大学出版社，2012.

附录

森林认证（国标）FM 审核指南

中国森林认证　森林经营，GBT 28951－2012
条款（原则、标准、指标）

共9个原则，46个标准，148个指标

3.1　国家法律法规和国际公约

3.1.1 遵守国家相关法律法规			
指　标	审核内容（文件）	要　点	访谈对象
3.1.1.1 森林经营单位备有现行的国家相关法律法规文本，包括《中华人民共和国森林法》《中华人民共和国森林法实施条例》《中华人民共和国民族区域自治法》等（参见附录A）。	提供备存附录A中所列法律法规、部门规章、禁用或严格限制使用化学品文件、相关技术规程和指南文本。其中：法律23条；法规12条；部门规章15条；禁用或严格限制使用化学品文件6条。共计56条。除此之外要查阅与认证有关的地方法律法规、部门规章。	1. 审核文件文本齐全。 2. 所有文本是最新、有效的文本。	
3.1.1.2 森林经营符合国家相关法律法规的要求。	法律法规有效实施的证据，以及依法经营的报告或记录。		

续表

3.1.1 遵守国家相关法律法规			
指　标	审核内容（文件）	要点	访谈对象
3.1.1.3 森林经营单位的管理人员和作业人员了解国家和地方相关法律法规的要求。	查阅进行相关普法培训的培训计划、记录、教材和考试材料等。	对部分管理人员和作业人员进行法律法规知识考试，了解对相关法律法规知识了解程度。也可通过访谈的形式了解情况。	管理者和员工
3.1.1.4 曾有违法行为的森林经营单位已依法采取措施及时纠正，并记录在案。	查阅曾有违法行为已依法及时纠正直至其合法并有效改进的记录或案卷。	单位违法记录、纠正措施及有效改进记录。	
3.1.2 依法缴纳税费			
指　标	审核内容（文件）	要　点	访谈对象
3.1.2.1 森林经营单位相关人员了解所需缴	查阅所有纳税的记录。	管理人员及财务人员掌握本单位应缴纳的税费种类、比率、额度及上	财务人员
3.1.2.2 森林经营单位依据《中华人民共和国税收征收管理法》《中华人民共和国企业所得税法》以及其他相关法律法规的要求，按时缴纳税费。	查阅相关财务报表，包括纳税申报表、完税证明、缴费收据、发票等。	按照指标所提法规核对各类税费缴纳是否符合要求。	财务人员

续表

3.1.3 依法保护林地，严禁非法转变林地用途			
指　标	审核内容（文件）	要　点	访谈对象
3.1.3.1 森林经营单位采取有效措施，防止非法采伐、在林区内非法定居及其他未经许可的行为。	查阅所采取有效措施的文件和记录。包括： 1）森林资源和林政管理部门组织机构，设立的木材检查站、森林公安等机构名单； 2）护林员、林政员、户籍管理人员岗位责任制，巡护管护制度文件； 3）森林采伐计划，采伐许可证、检查记录；作业指导书、验收单等。 4）禁止非法采伐、定居等的规定、办法； 5）对违法行为进行处理的案卷或记录。	1. 机构是否健全。 2. 管理文件是否完善。 3. 证件、案卷、记录是否完备。 4. 对违法、违规现象的处理是否符合相关要求。	
3.1.3.2 占用、征用林地和改变林地用途应符合国家相关法律法规的规定，并取得林业主管部门的审核或审批文件。	查阅近五年有无改变林地用途情况，如有提供占用、征用林地和改变林地用途的申报文件及上级主管部门审批的文件。	根据《中华人民共和国森林法实施条例》第十六条对照审核，主要看审批文件是否符合要求。	管理人员及员工
3.1.3.3 改变林地用途确保没有破坏森林生态系统的完整性或导致森林破碎化。	查看改变用途林地的地形图，改变后的用途及定期监测报告。	改变林地用途不应破坏森林生态系统完整性和造成森林破碎化；如改变林地用途活动已破坏森林生态系统的完整性和造成森林破碎化，应采取有效补救措施。	

续表

3.1.4 遵守国家签署的相关国际公约			
指　标	审核内容（文件）	要　点	访谈对象
3.1.4.1 森林经营单位备有国家签署的、与森林经营相关的国际公约（参见附录B）。	提供和备有附录 B 中所列国家签署的相关国际公约共 7 条。	1. 审核文件文本齐全。 2. 所有文本是最新、有效的文本。	
3.1.4.2 森林经营符合国家签署的、与森林经营相关的国际公约的要求。	查阅企业针对这些公约相关的管理文件。	结合标准中相关指标审核。	

3.2　森林权属

3.2.1 森林权属明确			
指　标	审核内容（文件）	要　点	访谈对象
3.2.1.1 森林经营单位具有县级以上人民政府或国务院林业主管权证。	提供有效、合法的由县级以上人民政府或国务院林业主管部门核发的	1. 真实性。 2. 核对面积与申报是否相符。此条指有自有林地的	
3.2.1.2 承包者或租赁者有相关的合法证明，如承包合同或租赁合同等。	承包或租赁经营森林的，提供合法有效的承包合同或租赁合同；合作经营森林的，提供合法有效的协议或合同。	1. 合同是否规范。 2. 真实性。 3. 核对面积与申报是否相符。	
3.2.1.3 森林经营单位有明确的边界，并标记在地图上。	提供现地边界标记说明书或注有边界标记的林相图、林班图、规划等。	核对边界位置与林权证是否相符。	

续表

3.2.2 依法解决有关森林、林木和林地所有权及使用权方面的争议			
指　标	审核内容（文件）	要　点	访谈对象
3.2.2.1 森林经营单位在处理有关森林、林木和林地所有权及使用权的争议时，应符合《林木林地权属争议处理办法》的要求。	提供依法解决处理有关森林、林木和林地所有权及使用权方面产生争议的文件、记录或协议或案件卷宗。	查阅有无林地使用权争议，如有按《林木林地权属争议处理办法》要求处理。	附近社区居民
3.2.2.2 现有的争议和冲突未对森林经营造成严重的负面影响。森林权属争议或利益争端对森林经营产生重大影响的森林经营单位不能通过森林认证。	提供现有的争议和冲突的情况报告或对森林经营造成影响程度的评估报告。	按指标要求处理。	附近社区居民

3.3　当地社区和劳动者权利

3.3.1 为林区及周边地区的居民提供就业、培训与其他社会服务的机会			
指　标	审核内容（文件）	要　点	访谈对象
3.3.1.1 森林经营单位为林区及周边地区的居民（尤其是少数民族）提供了就业、培训与其他社会服务的机会。	提供为就业、培训与其他社会服务所采取的措施及做法的规定或记录。包括： 1）安排林区与社区居民参与森林经营活动（如采伐、抚育、施工等）的合同、用工单、工资表； 2）基于上述工作提供的必要培训、教育、安全装备的记录。	1. 年提供社区居民用工人日数。 2. 工薪能否达到当地平均工资水平。 3. 支付是否及时。 4. 培训是否符合要求。 5. 施工人员安全装备是否符合要求。	附近社区居民，受雇施工人员

续表

3.3.1 为林区及周边地区的居民提供就业、培训与其他社会服务的机会			
指　标	审核内容（文件）	要　点	访谈对象
3.3.1.2 帮助林区及周边地区（尤其是少数民族地区）进行必要的交通和通讯等基础设施建设。	提供共用的基础设施（如道路、供水、通讯、网络等）清单或帮助建设的基础设施清单。	根据企业的经济状况安排。企业自用的基础设施在不影响自己使用的前提下，不得禁止周边地区居民与其共用。	附近社区居民

3.3.2 遵守有关职工劳动与安全方面的规定，确保职工的健康与安全			
指　标	审核内容（文件）	要　点	访谈对象
3.3.2.1 森林经营单位按照《中华人民共和国劳动法》《中华人民共和国安全生产法律法规的要求，保障职工的健康与安全。	查阅企业相关管理文件，包括： 1）履行劳动与安全职责的机构名单、职责规定及相关文件； 2）建立的安全操作规程、应急方案及相关规定、办法； 3）对职工进行安全教育的文件或记录。	1. 森林经营单位必须为劳动者提供符合国家规定的劳动安全卫生条件和必要的劳动防护用品，对从事有职业危害作业的劳动者应当定期进行健康检查（《中华人民共和国劳动法》第五十四条）。 2. 森林经营单位应当依法对劳动者在劳动过程中发生的伤亡事故和劳动者的职业病状况，进行统计、报告和处理（《中华人民共和国劳动法》第五十七条）。 与以上两条法律和其他相关法律法规对照是否符合要求。	企业职工

续表

3.3.2 遵守有关职工劳动与安全方面的规定，确保职工的健康与安全			
指　标	审核内容（文件）	要　点	访谈对象
3.3.2.2 按照国家相关法律法规的规定，支付劳动者工资和提供其他福利待遇，如社会保障、退休金和医疗保障等。	提供按国家有关法规规定支付劳动者工资和提供其他福利待遇的有关文件，包括： 1）用工及合同管理文件； 2）劳动工资及定级、增资规定文件及工资表； 3）福利待遇保障文件及福利标准、说明、福利发放清单等； 4）员工同工同酬，优先照顾残障人员和弱势群体有关规定文件及实施记录； 5）员工及家属享有医疗、保险、住房、休闲等待遇和权利的规定文件及落实记录或说明，包括组织职工参加体检的名单及交费收据、保险单等。	1. 森林经营单位应制定每日工作时间不超过八小时、平均每周工作时间不超过四十四小时的工时制度（《中华人民共和国劳动法》第三十六条）。 2. 森林经营单位不得强迫或变相强迫职工加班。如果必须加班，应当按照国家有关规定向职工支付加班费（《中华人民共和国劳动合同法》第三十一条）。 3. 遵循按劳分配原则，实行同工同酬。工资水平在经济发展的基础上逐步提高（《中华人民共和国劳动法》第四十六条）。 4. 森林经营单位支付劳动者的工资不得低于当地最低工资标准（《中华人民共和国劳动法》第四十八条）。 5. 鼓励森林经营单位根据本单位实际情况为劳动者建立补充保险（《中华人民共和国劳动法》第七十五条）。 对照《中华人民共和国劳动法》第五章、第九章审核，要点： 用工合同、协议是否规范； 工薪能否达到当地平均工资水平； 支付是否及时； 五险一金是否全额缴付； 职工的各种福利待遇是否落实。	企业职工

续表

3.3.2 遵守有关职工劳动与安全方面的规定，确保职工的健康与安全			
指　标	审核内容（文件）	要　点	访谈对象
3.3.2.3 保障从事森林经营活动的劳动者的作业安全，配备必要的服装和安全保护装备，提供应急医疗处理并进行必要的安全培训。	查阅企业相关管理文件，查验油锯手上岗证；提供对职工进行安全培训和急救知识培训的记录及安全作业防护器具、用品发放、领用清单，妥善处理安全事故发生的记录等。	森林经营单位必须建立、健全劳动安全卫生制度，严格执行国家劳动安全卫生规程和标准，对劳动者进行劳动安全卫生教育，防止劳动过程中的事故，减少职业危害（《中华人民共和国劳动法》第五十二条）。对照《中华人民共和国劳动法》第六章、第八章，《中华人民共和国安全生产法》第二章审核，工作现场观察员工安全生产技能、装备；安全生产要求执行情况；检查现场有无配备药箱，药箱内药品是否符合要求（1. 品种符合实际需要；2. 未过期）。	作业人员，油锯手
3.3.2.4 遵守中国签署的所有国际劳工组织公约的相关规定。	提供备有的《国际劳工组织公约》中文文本。提供遵守《国际劳工组织公约》相关规定的记录或与相关公约规定有执行不一致的说明。	公约有79条，与我们相关的大约有“三、实体规定”的第6、7、8、9、10、15条。	

续表

3.3.3保障职工权益，鼓励职工参与森林经营决策			
指　标	审核内容（文件）	要　点	访谈对象
3.3.3.1 森林经营单位通过职工大会、职工代表大会或工会等形式，保障职工的合法权益。	查阅上一年工会、职工大会、职工代表大会制度文件及活动记录。	1. 森林经营单位可以设立劳动争议调解委员会。劳动争议调解委员会由职工代表、单位代表和工会代表组成。劳动争议调解委员会主任由工会代表担任。劳动争议经调解达成协议的，当事人应当履行（《中华人民共和国劳动法》第八十条）。 2. 森林经营单位有下列侵害劳动者合法权益情形之一的，应依法支付劳动者的工资报酬、经济补偿，并支付赔偿金：克扣或者无故拖欠劳动者工资的；拒不支付劳动者延长工作时间工资报酬的；低于当地最低工资标准支付劳动者工资的；解除劳动合同后，未依照法律规定给予劳动者经济补偿的（《中华人民共和国劳动法》第九十一条）。 3. 职工一方与森林经营单位通过平等协商，可以就劳动报酬、工作时间、休息休假、劳动安全卫生、保险福利等事项订立集体合同。集体合同草案应当提交职工代表大会或者全体职工讨论通过。集体合同由工会代表企业职工一方与森林经营单位订立；尚未建立工会的森林经营单位，由上级工会指导职工推举的代表与森林经营单位订立（《中华人民共和国劳动合同法》第五十一条）。 文件涵盖内容：职工提案；领导述职；职工评议；局务、财务公开报告（国有、集体企业）；集体劳动合同；劳动保护监督。	

续表

3.3.3 保障职工权益，鼓励职工参与森林经营决策			
指　标	审核内容（文件）	要　点	访谈对象
3.3.3.2 采取多种形式，鼓励职工参与森林经营决策。	提供鼓励职工参与森林经营决策的规定文件及实施记录。		
3.3.4 不得侵犯当地居民对林木和其他资源所享有的法定权利			
指　标	审核内容（文件）	要点	访谈对象
3.3.4.1 森林经营单位承认当地社区依法拥有使用和经营土地或资源的权利。	企业的管理文件中不得有限制当地居民依法拥有使用和经营土地或资源的权利的内容。	了解并承认当地居民对林木及其他资源的所享有法定权利，尊重、不侵犯其权利。	附近社区居民
3.3.4.2 采取适当措施，防止森林经营直接或间接地破坏当地居民（尤其是少数民族）的林木及其他资源，或者影响其对这些资源的使用权。	提供为防止破坏当地居民（尤其是少数民族）的林木和其他资源及影响其对这些资源的使用权而制定的措施或文件或做法的记录或说明。		附近社区居民
3.3.4.3 当地居民自愿把资源经营权委托给森林经营单位时，双方应签订明确的协议或合同。	提供当地居民自愿把资源经营权委托给经营单位的有效协议或合同。	审查协议或合同的合法性和有效性。	

续表

3.3.5在需要划定和保护对当地居民具有特定文化、生态、经济或宗教意义的林地时，应与当地居民协商			
指　标	审核内容（文件）	要　点	访谈对象
3.3.5.1在需要划定对当地居民（尤其是少数民族）具有特定文化、生态、经济或宗教意义的林地时，森林经营单位应与当地居民协商并达成共识。	查阅在需要划定对当地居民（尤其是在少数民族聚居区）具有特定文化、生态、经济或宗教意义的林地时，与当地居民协商共识的协议或协商记录。	在走访时向当地居民了解落实情况。	附近社区居民
3.3.5.2 采取措施对上述林地进行保护。	查阅对上述林地进行保护的措施文件或做法记录或说明。	在走访时向当地居民了解落实情况。	
3.3.6在保障森林经营单位合法权益的前提下，尊重和维护当地居民传统的或经许可进入和利用森林的权利			
指　标	审核内容（文件）	要　点	访谈对象
3.3.6.1 在不影响森林生态系统的完整性和森林经营目标的前提下，森林经营单位应尊重和维护当地居民（尤其是少数民族）传统的或经许可进入和利用森林的权利，如非木质林产品的采集、森林游憩、通行、环境教育等。	查阅允许当地居民（尤其是少数民族）进入和利用森林开展非木质林产品采集、游憩、通行、环境教育等活动的规定、办法或做法的记录。	现场观察林地是否设立限制当地居民进入的设施或标识（在采伐、营林、抚育作业期间为保证施工顺利进行和外来人员的安全可禁止非施工人员进入，但要在相关地点和附近村镇有明显的标识和公告）。	附近社区居民

续表

3.3.6 在保障森林经营单位合法权益的前提下，尊重和维护当地居民传统的或经许可进入和利用森林的权利			
指　标	审核内容（文件）	要　点	访谈对象
3.3.6.2 对某些只能在特殊情况下或特定时间内才可以进入和利用的森林，森林经营单位应做出明确规定并公布于众（尤其是在少数民族地区）。	查阅只能在特殊情况下或特定时间内才可以进入和利用森林的公告或通知文本。	如有相关情况到现场观察在林地周边和相关社区有无公示。	附近社区居民
3.3.7 在森林经营对当地居民的法定权利、财产、资源和生活造成损失或危害时，森林经营单位应与当地居民协商解决，并给予合理的赔偿			
指　标	审核内容（文件）	要　点	访谈对象
3.3.7.1 森林经营单位应采取适当措施，防止森林经营对当地居民（尤其是少数民族）的权利、财产、资源和生活造成损失或危害。	查阅制定的防止森林经营活动对当地居民（尤其是少数民族）的法定权利、财产、资源和日[illegible]的措施、办法文本，包括建立有效的沟通机制，制定相关的赔偿制度等。	在走访时向当地居民了解[illegible]	附近社区居[illegible]
3.3.7.2 在造成损失时，主动与当地居民（尤其是少数民族）协商，依法给予合理的赔偿。	如有此情况查阅相关文件，查阅造成损失时与当地居民（尤其是少数民族）进行沟通协商的记录或赔偿记录。	在走访时向当地居民了解落实情况。	附近社区居民

续表

3.3.8 尊重和有偿使用当地居民的传统知识			
指　标	审核内容（文件）	要　点	访谈对象
3.3.8.1 森林经营单位在森林经营中尊重和合理利用当地居民（尤其是少数民族）的传统知识。	查阅尊重和合理利用当地居民（尤其是少数民族）传统知识的记录或做法说明。	在走访时向当地居民了解落实情况和有偿使用证据。	附近社区居民
3.3.8.2 适当保障当地居民（尤其是少数民族）能够参与森林经营规划的权利。	查阅当地居民（尤其是少数民族）参与森林经营规划的记录。		附近社区居民
3.3.9 根据社会影响评估结果调整森林经营活动，并建立与当地社区（尤其是少数民族地区）的协商机制			
指　标	审核内容（文件）	要　点	访谈对象
3.3.9.1 森林经营单位根据森林经营的方式和规模，评估森林经营的社会影响。	查阅森林经营作业的社会影响评价结论或报告。	根据经营活动的规模，结论或报告可以是第一方、第二方或是第三方做出的。	
3.3.9.2 在森林经营方案和作业计划中考虑了社会影响的评估结果。	查阅在森林经营方案和作业计划中考虑了社会影响评估的结果的记录或说明。		
3.3.9.3 建立与当地社区和有关各方（尤其是少数民族）沟通与协商的机制。	查阅与当地社区沟通、协商的机制文件或实施记录。	如防火联动机制、治安联防等。	

3.4 森林经营方案

3.4.1 根据上级林业主管部门制定的林业长期规划以及当地条件，编制森林经营方案			
指　标	审核内容（文件）	要　点	访谈对象
3.4.1.1 森林经营单位具有适时、有效、科学的森林经营方案。	最近的森林经营方案文本，上级批准文件。	1. 内容是否适时（经营方案的时效是否在审核期内）、有效、科学。 2. 编制单位的资质与要求是否相符。 3. 上级批准文件。	
3.4.1.2 森林经营方案在编制过程中应广泛征求管理部门、经营单位、当地社区和其他利益方的意见。	查阅森林经营方案编制过程中征求相关部门、公众、当地社区和其他相关利益方意见记录、专家论证意见及批准文件。	内容是否翔实；征求意见会议参加人代表是否全面。	
3.4.1.3 森林经营方案[illegible]确的森林资源信息基础上，包括及时更新的森林资源档案、有效的森林资源二类调查成果和专业技术档案等信息。同时，也要吸纳最新科研成果，确保其具有科学性。	查阅森林经营方案编制的依据及资料目录。	最近的森林资源二类调查报告；森林资源档案；二期天保工程实施方案等。	

续表

3.4.1 根据上级林业主管部门制定的林业长期规划以及当地条件，编制森林经营方案			
指　标	审核内容（文件）	要　点	访谈对象
3.4.1.4 森林经营方案内容应符合森林经营方案编制的有关规定，宜包括以下内容： ——自然社会经济状况，包括森林资源、环境限制因素、土地利用及所有权状况、社会经济条件、社会发展与主导需求、森林经营沿革等； ——森林资源经营评价； ——森林经营方针与经营目标； ——森林功能区划、森林分类与经营类型； ——森林培育和营林，包括种苗生产、更新造林、抚育间伐、林分改造等； ——森林采伐和更新，包括年采伐面积、采伐量、采伐强度、出材量、采伐方式、伐区配置和更新作业等； ——非木质资源经营； ——森林健康和森林保护，包括林业有害生物防控、森林防火、林地生产力维护、森林集水区管理、生物多样性保护等； ——野生动植物保护，特别是珍贵、稀有、濒危物种的保护； ——森林经营基础设施建设与维护； ——投资估算和效益分析； ——森林经营的生态与社会影响评估； ——方案实施的保障措施； ——与森林经营活动有关的必要图表。	森林经营方案及其附属文件内容齐全，符合《森林经营方案编制与实施纲要（试行）》等相关规范要求和 GB/T 28951—2012 “3.4.1.4” 所列的 14 个方面内容。	详阅经营方案的内容，指标中提出 14 项逐一解读，看是否有缺项在检查表中对这 14 项内容简单描述，并予评价。	

续表

3.4.1 根据上级林业主管部门制定的林业长期规划以及当地条件，编制森林经营方案			
指　标	审核内容（文件）	要　点	访谈对象
3.4.1.5 在信息许可的前提下，向当地社区或上一级行政区的利益方公告森林经营方案的主要内容，包括森林经营的范围和规模、主要的森林经营措施等信息。	查阅向当地社区或上一级行政区利益方公告森林经营方案主要内容的存本及公告方式（如媒体、公示板等）的说明。其中“上一级行政区”至当地社区的上一级行政区。	在不涉及经营秘密等信息许可的条件下，应采取适当方式向当地居民及利益相关方公告森林经营方案的主要内容，使相关方了解和支持森林经营方案的总体目标和经营单位将要进行的活动内容。公告的主要内容包括经营单位在经营方案规划期内的经营范围、类别和规模，主要的作业措施。可采取森林经营方案概要的方式在新闻媒体发布，应确保利益相关方可方便获得上述信息。	

3.4.2 根据森林经营方案开展森林经营活动			
指　标	审核内容（文件）	要　点	访谈对象
3.4.2.1 森林经营单位明确实施森林经营方案的职责分工。	查阅实施森林经营方案的职责体系文件。	森林经营方案各项内容执行要明确职责部门。	

续表

3.4.2 根据森林经营方案开展森林经营活动			
指　标	审核内容（文件）	要　点	访谈对象
3.4.2.2 根据森林经营方案，制定年度作业计划。	查阅根据森林经营方案（或按上级下达计划）编制的年度作业计划。	年度各项工作的作业计划与经营方案对应内容对照检查。如差别较大，企业需提供调整作业文件，调整作业方案内容要上报上级行政主管部门批准。	
3.4.2.3 积极开展科研活动或者支持其他机构开展科学研究。	查阅开展科研活动的计划和成果资料或者支持其他机构开展科学研究取得的成果副本。		
3.4.3 适时修订森林经营方案			
指　标	审核内容（文件）	要　点	访谈对象
3.4.3.1 森林经营单位及时了解与森林经营相关的林业科技动态及政策信息。	查阅了解、掌握的相关最新科技信息、政策动态文本。	根据了解、掌握相关方面的科技信息、政策动态，必要情况下修订森林经营方案。	
3.4.3.2 根据森林资源的监测结果、最新科技动态及政策信息（包括与木材、非木质林产品和与森林服务有关的最新的市场和经济活动），以及环境、社会和经济条件的变化，适时（不超过 10 年）修订森林经营方案。	查阅修订的森林经营方案及修订记录。	资源实际情况与经营方案差异较大或出现重要情况资源消耗大于或小于一定程度时需要及时修订。	

续表

3.4.4 对林业职工进行必要的培训和指导，使他们具备正确实施作业的能力			
指　标	审核内容（文件）	要　点	访谈对象
3.4.4.1 森林经营单位应制定林业职工培训制度。	查阅对职工进行培训的制度文件。		
3.4.4.2 林业职工受到良好培训，了解并掌握作业要求。	查阅建立的职工培训、考核制度文件、培训计划、教材及培训、考核档案或操作证书、技能证书。	培训：教材、课程记录、签到表、考试试卷等；证书：纳入劳动管理部门要求证书上岗的工种必须持有正式证书。	
3.4.4.3 林业职工在野外作业时，专业技术人员对其提供必要的技术指导。	查阅野外作业专业技术指导人员名单、作业指导内容或相关说明。	观察作业现场是否有技术人员按相关要求进行技术指导。	现场作业人员

3.5　森林资源培育和利用

3.5.1 按作业设计开展森林经营活动			
指　标	审核内容（文件）	要　点	访谈对象
3.5.1.1 森林经营单位根据经营方案和年度作业计划，编制作业设计，按批准的作业设计开展作业活动。	查阅根据经营方案和年度作业计划进行有效分解编制的作业设计文件、图表及作业验收报告或验收表。	核查现场作业是否按计划进行，现场作业是否与设计文件和验收报告相符。	相关技术人员

续表

3.5.1 按作业设计开展森林经营活动			
指　标	审核内容（文件）	要　点	访谈对象
3.5.1.2 在保证经营活动更有利于实现经营目标和确保森林生态系统完整性的前提下，可对作业设计进行适当调整。	查阅对作业设计进行调整的依据及调整后的作业设计。	作业的调整是否符合 3.5.1.2 的要求。	
3.5.1.3 作业设计的调整内容要备案。	如调整是否有备案材料。		
3.5.2 森林经营活动要有明确的资金投入，并确保投入的规模与经营需求相适应			
指　标	审核内容（文件）	要　点	访谈对象
3.5.2.1 森林经营单位充分考虑经营成本和管理运行成本的承受能力。	查阅上年度业务决算报告、财务分析报告、当年财务预算。	进行成本效益分析，掌握投入产出平衡关系，确保成本处于可控范围。对形成亏损的过高的经营成本和管理运行成本要说明理由。	
3.5.2.2 保证对森林可持续经营的合理投资规模和投资结构。	查阅近 3 年（主要是当年）的收入、支出、利润、投资结构、投资规模（如：造林、森林抚育、病虫害防治、森林防火等投入）等资料。	在审核记录中对主要数据进行记录。应确保森林的可持续经营的项目（如：造林、森林抚育、病虫害防治、森林防火等投入）获得稳定收益。	

续表

3.5.3 开展林区多种经营，促进当地经济发展			
指　标	审核内容（文件）	要　点	访谈对象
3.5.3.1 森林经营单位积极开展林区多种经营，可持续利用多种木材和非木质林产品，如林果、油料、食品、饮料、药材和化工原料等。	查阅多种资源调查资料、保护措施规定或说明。经营方案中相关内容和多种经营的计划、实施方案。		
3.5.3.2 制定主要非木质林产品的经营规划，包括培育、保护和利用的措施。	查阅制定的多种资源开发利用规划、开发利用项目名单、规模、收益等资料或报表。	非木质林产品的经营规划，包括培育、保护和利用的措施。	
3.5.3.3 在适宜立地条件下，鼓励发展能形成特定生态系统的传统经营模式，如萌芽林或矮林经营	查阅采用了传统经营模式形成特定生态系统（如萌芽林或矮林经营）的证据。	了解当地的自然生态环境是否存在条款要求条件，如有是否按条款要求实施。	当地社区居民

3.5.4 种子和苗木的引进、生产及经营应遵守国家和地方相关法律法规的要求，保证种子和苗木的质量			
指　标	审核内容（文件）	要　点	访谈对象
3.5.4.1 森林经营单位对林木种子和苗木的引进、生产及经营符合国家和地方相关法律法规的要求。	查阅备有的相关法律法规文本及引进、生产、经营种子、苗木的工作总结或报告。	种子生产按《中华人民共和国种子法》第二十五条审核，查阅时要参考地方相关法律法规。	

续表

3.5.4 种子和苗木的引进、生产及经营应遵守国家和地方相关法律法规的要求，保证种子和苗木的质量			
指　标	审核内容（文件）	要　点	访谈对象
3.5.4.2 从事林木种苗生产、经营的单位，应持有县级以上林业行政主管部门核发的“林木种子生产许可证”和“林木种子经营许可证”，并按许可证的规定进行生产和经营。	查阅“林木种子经营许可证”“林木种子生产许可证”及生产经营档案。	注意两证上标明的生产经营范围和期限是否与实际相符。	
3.5.4.3 在种苗调拨和出圃前，按国家或地方有关标准进行质量检验，并填写种子、苗木质量检验检疫证书。	查阅种苗质量检验检疫单和台账及发出的检验检疫证书副本。	核对出圃数量是否与调拨单和检疫证书标明数量相符。	
3.5.4.4 从国外引进林木种子、苗木及其他繁殖材料，应具有林业行政主管部门进口审批文件和检疫文件。	查验林业行政主管部门进口审批文件和检疫文件。	核对此项工作的过程记录。	

续表

3.5.5 按照经营目标因地制宜选择造林树种，优先考虑乡土树种，慎用外来树种			
指　标	审核内容（文件）	要　点	访谈对象
3.5.5.1 森林经营单位根据经营目标和适地适树的原则选择造林树种。	查看造林作业设计及树种选择依据资料。	内容是否符合指标要求。	
3.5.5.2 优先选择乡土树种造林，且尽量减少营造纯林。	查看选用乡土树种造林清单、更新造林统计报表、造林设计及验收记录。	内容是否符合指标要求。	
3.5.5.3 根据需要，可引进不具入侵性、不影响当地植物生长，并能带来环境、经济效益的外来树种。	查看引进种子、苗木的论证意见、审批文件及过程记录（包括种类、数量清单）。	内容是否符合指标要求。	
3.5.5.4 用外来树种造林后，应认真监测其造林生长情况及其生态影响。	查看外来物种引进后的相关监测记录。	监测记录是否准确、翔实，是否有对生态影响的分析。	
3.5.5.5 不得使用转基因树种。	查看未使用转基因树种的证明性材料。	森林经营单位可出具未使用转基因树种的声明。	

续表

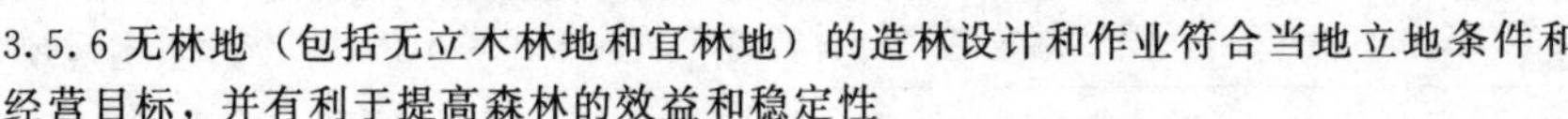

3.5.6 无林地（包括无立木林地和宜林地）的造林设计和作业符合当地立地条件和经营目标，并有利于提高森林的效益和稳定性

指　标	审核内容（文件）	要　点	访谈对象
3.5.6.1 森林经营单位造林设计和作业的编制应符合国家和地方相关技术标准和规定。	查阅相关造林作业设计所依据的标准或规程文本。	依据《造林作业设计规程》（LY/T 1607－2003）要求审核。	
3.5.6.2 造林设计符合经营目标的要求，并制定合理的造林、抚育、间伐、主伐和更新计划。	查阅根据经营方案制定的符合经营目标的造林、抚育、间伐、主伐等作业计划和设计资料等。	经营方案相关内容和年度造林设计、计划是否一致，差异较大要说明原因；依据设计检查现场施工是否一致，实际作业面积与设计负误差不能超过10%。	施工职工
3.5.6.3 采取措施，促进林分结构多样化和增强林分的稳定性。	查阅经营方案相关内容和年度造林设计、计划相关内容，作业设计资料及取得成效的例证。	依据设计检查现场施工是否一致。	
3.5.6.4 根据森林经营的规模和野生动物的迁徙规律，建立野生动物走廊。	查阅建立野生动物走廊的设计及图件。	如经营区内有高保护价值的野生动物，需要按野生动物的迁徙规律建立野生动物走廊。如无高保护价值的野生动物，需观察在经营区是否设立妨碍野生动物迁徙的设施。	
3.5.6.5 造林布局和规划有利于维持和提高自然景观的价值和特性，保持生态连贯性。	查阅进行自然景观价值及特性评价与界定的资料及造林规划、布局资料。	根据当地的自然环境和立地类型进行评价。	
3.5.6.6 应考虑促进荒废土地和无立木林地向有林地的转化。	查阅采取科学有效措施促进荒废土地和无立木林地向林地转化的资料和效果说明。	查看经营区内有无此类土地、林地，如有，查阅造林规划和计划。	

续表

3.5.7 依法进行森林采伐和更新，木材和非木质林产品消耗率不得高于资源的再生能力			
指　标	审核内容（文件）	要　点	访谈对象
3.5.7.1 森林经营单位根据森林资源消耗量低于生长量、合理经营和可持续利用的原则，确定年度采伐量。	查阅经营方案、森林资源档案和主管部门批准的年度采伐计划文件及本单位的年度生产计划。	核算年生长量和资源消耗量。	
3.5.7.2 采伐林木具有林木采伐许可证，按许可证的规定进行采伐。	核对上一年度采伐计划、采伐验收单、采伐许可证和产量记录。	采伐计划、采伐验收单和采伐许可证逐一核对。	
3.5.7.3 保存年度木材采伐量和采伐地点的记录。	查阅山场采伐作业表、检尺野账及统计表。	检查采伐地点记录。	
3.5.7.4 森林采伐和更新符合《森林 [illegible] 和《森林采伐作业规程》的要求。	查阅森林采伐更新作业设计及检查验收报告或上级检查验收结果文件（含资源统计表、资源消耗统计表、资源消长监测数据及产量统计表、记录）。	经营单位根据自己的实际情况制定的《森林采伐更新管理办法》和《森林采伐作业规程》，查阅采伐更新从设计到验收的全部记录。	
3.5.7.5 木材和非木质林产品的利用未超过其可持续利用所允许的水平。	查阅木材和非木质林产品资源统计表、资源消耗统计表、资源消长监测数据及产量统计表。	查看采集利用方式和数量是否对生态环境和可持续利用产生不良影响。	

续表

3.5.8 森林经营应有利于天然林的保护与更新			
指　标	审核内容（文件）	要　点	访谈对象
3.5.8.1 森林经营单位采取有效措施促进天然林的恢复和保护。	查阅促进天然林恢复和保护的措施文件及实施情况总结或报告。		
3.5.8.2 除非满足以下条件，否则不得将森林转化为其他土地使用类型(包括由天然林转化为人工林)： ——符合国家和当地有关土地利用及森林经营的法律法规和政策，得到政府部门批准，并与有关利益方进行直接协商； ——转化的比例很小； ——不对下述方面造成负面影响： ·受威胁的森林生态系统； ·具有文化及社会重要意义的区域； ·受威胁物种的重要分布区； ·其他受保护区域； ——有利于实现长期的生态、经济和社会效益，如低产次生林的改造。	查阅经营单位近5年内是否有改变林地转化现象，如有，按指标内提出的8条要求审核。 提供将森林转化为其他土地使用类型（包括天然林转化为人工林）的批准文件，林地使用类型转化的说明。	分3种情况，经营单位自有林地按要求审核；租地经营，如经营单位自用按要求审核；如林权证所有人退租，其林地不属审核范围。	

续表

3.5.8 森林经营应有利于天然林的保护与更新			
指　标	审核内容（文件）	要　点	访谈对象
3.5.8.3 在遭到破坏的天然林（含天然次生林）林地上营造的人工林，根据其规模和经营目标，划出一定面积的林地使其逐步向天然林转化。	查阅划定的地块、面积的资料，划定地块、面积及实施措施的记录。	主要在公益林范围内查找。	
3.5.8.4 在天然林毗邻地区营造的以生态功能为主的人工林，积极诱导其景观和结构向天然林转化，并有利于天然林的保护。	查阅诱导向天然林转化的规模及措施文件，划定地块、面积及实施措施的记录。	主要在公益林范围内查找。	
3.5.9 森林经营应减少对资源的浪费和负面影响			
指　标	审核内容（文件）	要　点	访谈对象
3.5.9.1 森林经营单位采用对环境影响小的森林经营作业方式，以减少对森林资源和环境的负面影响，最大限度地降低森林生态系统退化的风险。	查阅所采用的作业方式的证明性资料或说明。	经营单位营林、采伐、管护的相关文件。	
3.5.9.2 避免林木采伐和造材过程中的木材浪费和木材等级下降。	查阅措施文件或指南文件文本、伐区验收单及造材野账、台账。经营单位制定的采伐、造材要求、标准。	按《森林采伐作业规程》（LY/T 1646－2005）的要求进行审核。	

续表

3.5.10 鼓励木材和非木质林产品的最佳利用和深加工			
指　标	审核内容（文件）	要　点	访谈对象
3.5.10.1 森林经营单位制定并执行各种促进木材和非木质林产品最佳利用的措施。	查阅相关措施文本。		
3.5.10.2 鼓励对木材和非木质林产品进行深加工，提高产品附加值。	查阅加工利用规划、计划及加工利用效益情况说明。	记录相关企业名录。	
3.5.11 规划、建立和维护足够的基础设施，最大限度地减少对环境的负面影响			
指　标	审核内容（文件）	要　点	访谈对象
3.5.11.1 森林经营单位应规划、建立充足的基础设施，如林道、集材道、桥梁、排水设施等，并维护这些设施的有效性。	查阅基础设施建设规划、已建项目目录及运行、维护情况说明。	经营方案；采伐、营林设计的相关内容；企业发展规划和相关设施建设的设计资料。	
3.5.11.2 基础设施的设计、建立和维护对环境的负面影响最小。	查阅项目建设环境影响评价报告文本或说明。		

3.6　生物多样性保护

3.6.1 存在珍贵、稀有、濒危动植物种时，应建立与森林经营范围和规模以及所保护资源特性相适应的保护区域，并制定相应保护措施

指　标	审核内容（文件）	要　点	访谈对象
3.6.1.1 森林经营单位备有相关的参考文件，如《濒危野生动植物种国际贸易公约》附录Ⅰ、Ⅱ、Ⅲ（参见附录B）和《国家重点保护野生植物名录》《国家重点保护野生动物名录》等（参见附录C）。	查阅是否备有国标附录B、附录C的文件。	电子版、文本文件均可。	
3.6.1.2 确定本地区需要保护的珍贵、稀有、濒危动植物种及其分布区，并在地图上标注。	查阅经营范围内需要保护的珍稀的、受威胁的和濒危动植物种调查报告（包括物种名录、数量、分布和栖息地）及有明显标注的林相图或分布图。	提供物种名录、数量和分布及栖息地情况；并在林相图等资料中明显标注。	
况，划出一定的保护区域和生物走廊带，作为珍贵、稀有、濒危动植物种的分布区。若不能明确划出保护区域或生物走廊带时，则在每种森林类型中保留足够的面积。同时，上述区域的划分要考虑野生动物在森林中的迁徙。	查阅划定珍稀、濒危动植物种保护区域和生物走廊带的规划、图件资料。		

续表

3.6.1存在珍贵、稀有、濒危动植物种时，应建立与森林经营范围和规模以及所保护资源特性相适应的保护区域，并制定相应保护措施			
指　标	审核内容（文件）	要　点	访谈对象
3.6.1.4制定针对保护区、保护物种及其生境的具体保护措施，并在森林经营活动中得到有效实施。	查阅针对保护区、保护物种及其生境的保护措施文件和实施报告。	包括规划、设计、记录、实施验收和年度工作总结。	
3.6.1.5未开发和利用国家和地方相关法律法规或相关国际公约明令禁止的物种。	查阅未开发利用证据或说明。有开发利用的应提供批准文件、许可证、开发利用过程记录。	对照《中华人民共和国陆生野生动物保护实施条例》《中华人民共和国野生植物保护条例》《濒危野生动植物种国际贸易公约秘书处公布禁贸物种和国家名单》《国家重点保护野生动物名录》《濒危野生动植物种国际贸易公约》等文件查阅经营单位开发利用动植物情况。	
3.6.2限制未经许可的狩猎、诱捕及采集活动			
指　标	审核内容（文件）	要　点	访谈对象
3.6.2.1森林经营单位的狩猎、诱捕和采集活动符合有关野生动植物保护方面的法规，依法申请狩猎证和采集证。	有狩猎、诱捕及采集活动的，查阅“狩猎证”“采集证”，并提供物种、数量资料。	查看近3年的狩猎证、采集证和相关记录。	走访林区职工和附近居民
3.6.2.2狩猎、诱捕和采集符合国家有关猎捕量和非木质林产品采集量的限额管理政策。	查阅有关主管部门批准或核准猎捕、采集的物种、数量文件，以及实际猎捕、采集的物种、数量统计资料。	查看近3年的狩猎证和采集证。有无此项活动的限额管理。	

续表

3.6.3 保护典型、稀有、脆弱的森林生态系统，保持其自然状态			
指　标	审核内容（文件）	要　点	访谈对象
3.6.3.1 森林经营单位通过调查确定其经营范围内典型、稀有、脆弱的森林生态系统。	查阅经营区内典型、珍稀、脆弱森林生态系统的调查报告或资料、确定文件及相关图表资料。		
3.6.3.2 制定保护典型、稀有、脆弱的森林生态系统的措施。	查阅保护典型、珍稀、脆弱的森林生态系统的措施文件。	查阅区域内是否有保护区。	
3.6.3.3 实施保护措施，维持和提高典型、稀有、脆弱的生态系统的自然状态。	查阅实施保护措施的报告或说明。		
3.6.3.4 识别典型、稀有、脆弱的森林生态系统时，应考虑全球、区域、国家水平上具有重要意义的物种自然分布区和景观区域。	查阅识别典型、珍稀、脆弱的生态系统的依据资料。		
3.6.4 森林经营应采取措施恢复、保持和提高森林生物多样性			
指　标	审核内容（文件）	要　点	访谈对象
3.6.4.1 森林经营单位考虑采取下列措施保持和提高森林生物多样性： ——采用可降低负面影响的作业方式； ——森林经营体系有利于维持和提高当地森林生态系统的结构、功能和多样性； ——保持和提高森林的天然特性。	查阅伐区主要采伐方式、集材方式、道路网密度、公益林采伐、营林生产作业等资料。	对相应的数据和作业方式做记录。 审核员要熟悉造林、采伐更新法律法规、操作规程相关条款的内容。	

续表

3.6.4 森林经营应采取措施恢复、保持和提高森林生物多样性			
指　标	审核内容（文件）	要　点	访谈对象
3.6.4.2 考虑到对森林健康和稳定性以及对周边生态系统的潜在影响，应尽可能保留一定数量且分布合理的枯立木、枯倒木、空心树、老龄树及稀有树种，以维持生物多样性。	查阅保留了一定数量且分布合理的枯立木、枯倒木、空心树、老龄树及稀有树种的相关证据。		

3.7 环境影响

3.7.1 考虑森林经营作业对森林生态环境的影响			
指　标	审核内容（文件）	要　点	访谈对象
3.7.1.1 森林经营单位根据森林经营的规模、强度及资源特性，分析森林经营活动对环境的潜在影响。	查阅开展较大森林经营活动前其对森林生态环境潜在影响的分析、评价资料或报告，分析、评价可以是第一方、第二方或第三方做出的。	环评的内容要结合受审单位的实际情况。	
3.7.1.2 根据分析结果，采用特定方式或方法，调整或改进森林作业方式，减少森林经营活动（包括使用化肥）对环境的影响，避免导致森林生态系统的退化和破坏。	查阅根据环境分析、评价结果调整的作业方式的报告或做法说明，以及作业检查验收记录或报告。	注意实际的管理与作业方式是否与环评的内容一致。	
3.7.1.3 对改进的经营措施进行记录和监测，以确保改进效果。	查阅改进经营措施的实施记录和监测资料或改进效果说明。		

续表

3.7.2 森林经营作业应采取各种保护措施，维护林地的自然特性，保护水资源，防止地力衰退			
指　标	审核内容（文件）	要　点	访谈对象
3.7.2.1 森林经营单位在森林经营中，应采取有效措施最大限度地减少整地、造林、抚育、采伐、更新和道路建设等人为活动对林地的破坏，维护森林土壤的自然特性及其长期生产力。	查阅编制的整地、造林、采伐、更新、筑路等具体作业指南。 查阅在各种森林经营作业设计中，采取的有效方法和措施，最大限度减少对林地破坏的记录。	对相应的数据和作业方式做记录。 审核员要熟悉造林、采伐更新法律法规、操作规程相关条款的内容。	
3.7.2.2 减少森林经营对水资源质量、数量的不良影响，控制水土流失，避免对森林集水区造成重大破坏。	查阅在各种森林经营作业设计中，采取的有效方法和措施，最大限度地减少对林地破坏的例证或检查验收记录。提供环境观测或监测记录。	对相应的数据和作业方式做记录。 审核员要熟悉造林、采伐更新法律法规、操作规程相关条款的内容。	
3.7.2.3 在溪河两侧和水体周围，建立足够宽的缓冲区，并在林相图或森林作业设计图中予以标注。	查阅施业区内的河流分布状况图，建立缓冲区的数量和面积等分布图及设计资料。	现场观察林地结构是否与图中的标注一致。	
3.7.2.4 减少化肥使用，利用有机肥和生物肥料，增加土壤肥力。	查阅生产中所使用的肥料清单，包括化肥使用比率及使用量。	尽量使用复合肥和有机肥，少使用单一品种的化肥。	
3.7.2.5 通过营林或其他方法，恢复退化的森林生态系统。	查阅使用营林或其他方法，恢复退化森林生态系统的措施文件或做法记录或说明。		

续表

3.7.3 严格控制使用化学品，最大限度地减少因使用化学品造成的环境影响			
指　标	审核内容（文件）	要　点	访谈对象
3.7.3.1 森林经营单位应列出所有化学品（杀虫剂、除草剂、灭菌剂、灭鼠剂等）的最新清单和文件，内容包括品名、有效成分、使用方法等。	查阅备有的国家有关禁用或严格限制使用化学品的文件文本及相关国际公约中文文本。 查阅近年的化学品使用清单。	起码要备有附录 A.4 中所有的文件。对于混配农药在其商品名的基础上要查出其中基础农药的成分。	
3.7.3.2 除非没有替代选择，否则禁止使用世界卫生组织 1A 和 1B 类杀虫剂，以及国家相关法律法规禁止的其他高剧毒杀虫剂（参见附录 A）。	如果使用了世界卫生组织 1A 和 1B 杀虫剂以及国家法规禁制的其他高剧毒杀虫剂的必须有说明或专家论证意见。		
3.7.3.3 禁止使用氯化烃类化学品，以及其他可能在食物链中残留生物活性和沉积的其他杀虫剂。	查阅未使用氯化烃类化学品及其他杀虫剂的说明或有关证据。		
3.7.3.4 保存安全使用化学品的过程记录，并遵循化学品安全使用指南，采用恰当的设备并进行培训。	提供安全使用化学品的过程记录；提供备有的化学品安全使用指南文本；提供使用的设备清单。	到库房查看化学品及设备摆放是否合理，出入库记录是否完备；库房管理制度是否明示。	

续表

3.7.3 严格控制使用化学品，最大限度地减少因使用化学品造成的环境影响			
指　标	审核内容（文件）	要　点	访谈对象
3.7.3.5 备有化学品的运输、储存、使用以及事故性溢出后的应急处理程序。	查阅化学品的运输、储存、使用的管理文件，以及事故性溢出后的应急处理程序文件。	处理程序是否规范、有效。	
3.7.3.6 应确保以环境无害的方式处理无机垃圾和不可循环利用的垃圾。	查阅处理无机垃圾和不可循环利用垃圾的规定文件和无害处理的相关记录。	现场查看垃圾是否按规定处理。	
3.7.3.7 提供适当的装备和技术培训，最大限度地减少因使用化学品而导致的环境污染和对人类健康的危害。	查阅技术培训和对相关人员进行装备的记录。	查看仓库和现场的装备；是否完好；摆放有序。	施工人员
环保要求的方法及时处理化学品的废弃物和容器。	查阅及时处理化学品废弃物和容器的规定文件及处理记录。	现场观察有无随手遗弃的化学品容器。	
3.7.3.9 开展森林经营活动时，应严格避免在林地上的漏油现象。	查阅机械作业避免在林地上漏油的措施规定或检查记录。	现场审核时注意漏油情况及措施执行情况。	

续表

3.7.4 严格控制和监测外来物种的引进，防止外来入侵物种造成不良的生态后果			
指　标	审核内容（文件）	要　点	访谈对象
3.7.4.1 森林经营单位应对外来物种严格检疫并评估其对生态环境的负面影响，在确保对环境和生物多样性不造成破坏的前提下，才能引进外来物种。	查阅引进物种的论证文件及有关引进的审批文件、检疫证书、对生物多样性影响的评估报告和引进的物种、种源、数量等。	依据“引进林木种子苗木及其他繁殖材料检疫审批和监管规定”的相关内容审核。	
3.7.4.2 对外来物种的使用进行记录，并监测其生态影响。	查阅供对外来物种使用及监测的资料及记录。	在隔离区要有详尽的记录。	
3.7.4.3 制定并执行控制有害外来入侵物种的措施。	查阅供控制有害外来物种的措施文件及记录。	依据“引进林木种子苗木及其他繁殖材料检疫审批和监管规定”的相关内容审核。	
3.7.5 维护和提高森林的环境服务功能			
指　标	审核内容（文件）	要　点	访谈对象
3.7.5.1 森林经营单位了解并确定经营区内森林的环境服务功能。	查阅施业区内森林环境服务功能的调查评估报告、开发利用规划，已开发利用情况报告或总结。		
3.7.5.2 采取措施维护和提高这些森林的环境服务功能。	查阅为提高和维持森林环境功能采取的措施文件或做法记录或报告。提供森林环境服务功能设施和项目清单。		

续表

3.7.6尽可能减少动物种群和放牧对森林的影响			
指　标	审核内容（文件）	要　点	访谈对象
3.7.6.1森林经营单位应采取措施尽可能减少动物种群对森林更新、生长和生物多样性的影响。	加强对新造林地、更新地的放牧管理，减少动物种群和放牧对新植苗、幼树生长和生物多样性的影响。	现场观察、记录。	当地居民；林场职工
3.7.6.2采取措施尽可能减少过度放牧对森林更新、生长和生物多样性的影响。	查阅制定的林内放牧规定或管理措施。		

3.8 森林保护

3.8.1制定林业有害生物防治计划，应以营林措施为基础，采取有利于环境的生物、化学和物理措施，进行林业有害生物综合防治			
指　标	审核内容（文件）	要　点	访谈对象
3.8.1.1 森林经营单位的林业有害生物防治，应符合《森林病虫害防治条例》的要求。	查阅建立的林业有害生物防治体系文件及相关资料文本，包括防治机构、运行机制、投入机制、管理制度、有害生物防治工作总结、报告等。	审核员要细读《森林病虫害防治条例》，根据条例要求审核。	
3.8.1.2 开展林业有害生物的预测预报，评估潜在的林业有害生物的影响，制定相应的防治计划。	查阅预测预报资料及对潜在的林业有害生物影响评估报告、防治措施计划。		

续表

3.8.1 制定林业有害生物防治计划，应以营林措施为基础，采取有利于环境的生物、化学和物理措施，进行林业有害生物综合防治			
指　标	审核内容（文件）	要　点	访谈对象
3.8.1.3 采取营林措施为主，生物、化学和物理防治相结合的林业有害生物综合治理措施。	查阅综合治理林业有害生物措施计划执行情况总结或报告。		
3.8.1.4 采取有效措施，保护森林内的各种有益生物，提高森林自身抵御林业有害生物的能力。	查阅制定的保护森林内各种有益生物的措施文件或工作报告或做法说明。		
3.8.2 建立健全森林防火制度，制定并实施防火措施			
指　标	审核内容（文件）	要　点	访谈对象
3.8.2.1 根据《森林防火条例》，森林经营单位应建立森林防火制度。	查阅体系建设和制度建设的文件及相关资料。	根据《森林防火条例》相关条款审核。	
3.8.2.2 划定森林火险等级区，建立火灾预警机制。	查阅规定森林火险等级区文件及火险等级图。		
3.8.2.3 制定和实施森林火情监测和防火措施。	查阅火情监测文件文本及火情监测记录；查阅预防、扑救等措施性文件文本及实施记录、报告。	根据《森林防火条例》第二十一条。	

续表

3.8.2 建立健全森林防火制度，制定并实施防火措施			
指　标	审核内容（文件）	要　点	访谈对象
3.8.2.4 建设森林防火设施，建立防火组织，制定防火预案，组织本单位的森林防火和扑救工作。	查阅森林防火设施设备清单、防火组织体系、机构、扑火专业扑火队伍及人员名单、防火宣传材料存本、防火培训记录、防火预案文本。	根据《森林防火条例》第八、九、十、十二、十四、十九条。	
3.8.2.5 进行森林火灾统计，建立火灾档案。	查阅森林火灾统计报表和森林防火档案。		
3.8.2.6 林区内避免使用除生产性用火以外的一切明火。	查阅林区避免使用明火的管理办法和检查记录，提供生产性用火管理办法文件文本。	根据《森林防火条例》第十五、十六、十八条。	
3.8.3 建立健全自然灾害应急措施			
指　标	审核内容（文件）	要　点	访谈对象
3.8.3.1 根据当地自然和气候条件，森林经营单位应制定自然灾害应急预案。	查阅预防和减少自然灾害应急预案文本。	现场查看应急预案中储备物资的储备情况。	
3.8.3.2 采取有效措施，最大程度地减少自然灾害的影响。	查阅预防和减少自然灾害影响的具体措施文件及防灾减灾工作记录或报告。		

3.9 森林监测和档案管理

3.9.1 建立森林监测体系，对森林资源进行适时监测			
指　标	审核内容（文件）	要　点	访谈对象
3.9.1.1 根据上级林业主管部门的统一安排，开展森林资源调查，森林经营单位应建立森林资源档案制度。	查阅按上级主管部门相关规定建立的资源调查体系文件。提供资源调查报告及建立的森林资源档案及管理文件。	重点在森林资源档案是否完整、是否及时更新。	
3.9.1.2 根据森林经营活动的规模和强度以及当地条件，确定森林监测的内容和指标，建立适宜的监测制度和监测程序，确定森林监测的方式、频度和强度。	查阅监测制度文件及包括有监测方式、频度、强度、方法和技术、抽样、监测点选择、数据及处理等内容的程序文件。		
3.9.1.3 在信息许可的前提下，定期向公众公布森林监测结果概要。	查阅定期向公众公布森林监测结果概要的存本及公布方式说明。		
3.9.1.4 在编制或修订森林经营方案和作业计划中体现森林监测的结果。	查阅在编制或修订森林经营方案、作业计划中利用监测结果的说明或实例。		

续表

3.9.2 森林监测应包括资源状况、森林经营及其社会和环境影响等内容			
指　标	审核内容（文件）	要　点	访谈对象
3.9.2.1 森林经营单位的森林监测，宜关注以下内容： ——主要林产品的储量、产量和资源消耗量； ——森林结构、生长、更新及健康状况； ——动植物（特别是珍贵、稀有、受威胁和濒危的物种）的种类及其数量变化趋势； ——林业有害生物和林火的发生动态和趋势； ——森林采伐及其他经营活动对环境和社会的影响； ——森林经营的成本和效益； ——气候因素和空气污染对林木生长的影响； ——人类活动情况，例如过度放牧或过度畜养； ——年度作业计划的执行情况。	查阅适时、完整的，包括“3.9.2.1”内容的完整的森林监测报告。		
3.9.2.2 按照监测制度连续或定期地开展各项监测活动，并保存监测记录。	查阅连续或定期开展监测活动的记录和报告。		
3.9.2.3 对监测结果进行比较、分析和评估。	查阅对监测结果进行比较、分析和评估的报告。		

续表

3.9.3 建立档案管理系统，保存相关记录			
指　标	审核内容（文件）	要　点	访谈对象
3.9.3.1 森林经营单位应建立森林资源档案管理系统。	查阅森林资源档案管理规定文件、职责规定文件、管理人员名单、适用设备及应用软件清单。		
3.9.3.2 建立森林经营活动档案系统。	查阅档案目录及文本。		
3.9.3.3 建立木材跟踪管理系统，对木材从采伐、运输、加工到销售整个过程进行跟踪、记录和标识，确保能追溯到林产品的源头。	木材从采伐、运输、加工到销售整个过程进行跟踪、记录、标识的体系文件。 查阅包括伐区、采伐工队、面积、原木材积、造材分类、规格、数量、运输方式、中间存储、订单、销售发票、装车单、运输单等流程性证明材料(包括流程台账、统计报表等)，以及对客户的 CFCC 承诺或声明的留存副本。		

森林认证的支付意愿的调查问卷

访问时间：____年____月____日；

访问地点：____市____县____乡____村

您好，首先感谢您抽空填写本问卷。这份问卷研究的主题是森林认证的支付意愿的调查，希望能借助您宝贵的时间，了解您对我国森林认证现状的看法。您所提供的各项资料仅作为学术研究使用，不对外公布，请您安心会答。

您的性别：①男　②女

民族：____

居住地：____省____市

您家人口数：①1　②2　③3　④4　⑤5　⑥6　⑦6 个以上

您的年龄：①20 岁以下　②21～30 岁　③31～40 岁　④41～50 岁　⑤51～60 岁　⑥60 岁以上

您的职业：①行政管理人员　②事业单位职工（教师、研究人员等）③企业/公司职工　④个体工商　⑤农民　⑥学生　⑦军人　⑧家庭主妇、退休人员　⑨其他________

教育程度：①小学及以下　②中学（高中/初中）　③大学（本科、大专）　④研究生　⑤博士及以上

您是否是党员：①是　②否

您个人目前的年平均收入：

①3.6 万元以下　②3.6 万～4.8 万元　③4.8 万～6 万元

④6 万～8 万元　⑤8 万～10 万元　⑥10 万～12 万元

⑦12 万～20 万元　⑧20 万元以上

1. 您认为森林资源的现状如何？

①资源浪费严重，需保护　②一般，不是亟待保护　③没什么必要

2. 您对我国森林认证的了解程度如何？

①熟悉　②一般熟悉　③不太熟悉

3. 您认为是否有必要进行森林认证？

①有必要　②一般，不是亟待保护　③没什么必要

4. 您对我国森林认证的支持程度如何？

①支持 ②一般支持 ③不支持

5. 您是否愿意为推广森林认证而每年从收入中支付一定的费用？

①是的，我愿意 ②我不愿意（转跳到8）

6. 如果您愿意支付，您个人每年愿意支付多少？（单位：元）

1.00	2.00	3.00	4.00	5.00	6.00	7.00	8.00	9.00	
10.00	20.00	30.00	40.00	50.00	60.00	70.00	80.00	90.00	
100	200	300	400	500	600	700	800	900	>1 000

7. 您为什么愿意支付？

①为了贯彻落实国家森林保护政策

②为了吸引更多游客去森林旅游观光 ③为了子孙后代的可持续发展 ④为了森林自然资源的存在

8. 请给出您不愿意支付的原因。

①我（家）收入有限，没钱 ②我对此事不关心，与我无关 ③我远离此地居住，不受益 ④应该由政府埋单

⑤担心钱是否真正用于认证

9. 您对森林退化采取的最主要措施是下列哪一项？

①不用一次性筷子 ②双面用纸，减少纸张浪费

③使用再生纸 ④擦手尽量不用纸巾

⑤喝水不用纸杯 ⑥其他

10～13 题为有关保护森林资源的题目。

保护森林资源	很高	较高	一般	较低	很低
10. 您觉得我国保护森林资源的措施落实情况怎么样？	5	4	3	2	1
11. 您对森林生态功能的了解程度如何？	5	4	3	2	1
12. 假如有保护森林资源方面的培训，您的参加意愿如何？	5	4	3	2	1
13. 您认为保护森林资源的重要程度如何？	5	4	3	2	1

谢谢！欢迎您对本次调查提出宝贵意见！